NOUVELLES CLÉS POUR MANAGER LES SALARIÉS

– Tome 1 –

L'HOMME EST LE CENTRE D'OÙ TOUT PART ET OÙ TOUT REVIENT

Thomas SANGOI

NOUVELLES CLÉS POUR MANAGER LES SALARIÉS

– Tome 1 –

L'HOMME EST LE CENTRE D'OÙ TOUT PART ET
OÙ TOUT REVIENT

Et Socrate d'écrire :
« Connais toi toi-même et tu connaitras les Dieux et
l'univers »

Thomas SANGOI Edition

ISBN : 978-2-9548757-7-4

Thomas SANGOI

Édition : Thomas SANGOI Edition – 35320 CREVIN

© Publication 2016

Achevé d'imprimer en 2016

Dépôt légal : Mars 2016

Création de la mise en page et distribution du livre :
www.ebook-creation.fr

SOMMAIRE

PRÉAMBULE

L'idée d'écrire cette trilogie managériale est née d'une demande express, de nombre de mes clients, de mettre par écrit les informations et conseils que je leur avais prodigués lors d'accompagnement ou de séminaires dédiés au management de leurs hommes.

Les trois volumes issus de cette démarche, vous proposent une vision particulière des mutations sociétales à venir, leurs nécessités socio-économiques pour défier le marasme actuel et un rappel de quelques techniques de communication, ayant largement contribuer à gérer les hommes, les équipes et certaines situations délicates.

Ces trois ouvrages proposent donc une approche pragmatique, philosophique voire « spirituelle » de l'homme pour répondre aux besoins de son futur contexte professionnel, Il répond ainsi à la quête que la nouvelle génération veut donner au sens de sa vie, en ce début du 3ème millénaire, afin de s'engager et de s'épanouir avec confiance dans son parcours de vie.

Dans cette perspective, cette trilogie managériale propose aux dirigeants visionnaires et curieux d'esprit, de nouvelles valeurs managériales, afin de « surfer » avec sérénité et discernement dans ces contextes de transitions instables.

Nonobstant, on devine d'emblée l'envergure de ces mutations, notamment lorsque l'on considère les événements climatiques, économiques et sociaux, qui « harcèlent » régulièrement notre planète et nos modes de vie.

Concluons ce bref rappel historique, en nous remémorant ce que ces ouvrages nous proposent en substance :

- Un regard singulier de notre monde, afin de se doter d'un discernement plus aigüe, de visions claires et de principes d'action favorisant de justes prises de décisions.

- Un regard insolite, pour découvrir une autre façade de l'homme dans sa pratique des relations interpersonnelles.

- Un succinct tour d'horizon socio-économique, afin d'entrevoir le devenir probable de l'entreprise de demain.

- Enfin, précisons que nous avons délibérément pratiqué la redite et l'esprit des concepts évoqués dans de multiples chapitres afin de rendre ceux-ci indépendant et compréhensifs aux lecteurs qui auraient besoins de les extraire de leur contexte.

PARTIE 1 : LES FONDAMENTAUX

INTRODUCTION RAISONNÉE AU MANAGEMENT DES HOMMES

Voilà un sujet bien sérieux que je vous propose de traiter avec recul et simplicité.

Pourquoi une telle démarche en ce début de troisième millénaire ?

Tout simplement, parce que la vie de l'homme, en général, est une succession de paradoxes.

Dans cette période de chaos, de crises et de remise en cause des pratiques professionnelles habitudinaires, on constate que nombre d'hommes tournent sur eux mêmes : un pas d'un coté et un pas de l'autre, comme l'exprime si bien une comptine enfantine.

En fait, rien n'est véritablement remis en question dans notre mode de vie ou de gouvernance.

Et pour cause, tout le monde semble s'accrocher à ses cadres de référence du domaine objectif, à ses croyances du domaine subjectif et aux vieux paradigmes qui ont construit notre société occidentale.

Chacun, dans ce contexte d'épreuves, d'obstacles et d'illusions amères, espère secrètement conserver ses acquis, voire même de retrouver ses avantages d'antan.

Dans quel mirage se commet-on, dès lors qu'on refuse certaines réalités ?

Dès lors, on peut se demander ce que deviennent les leçons apprises de l'expérience de tout un chacun et, plus particulièrement, de notre connaissance de l'histoire de l'humanité.

Ceci dit, et comme chacun peut l'observer, le monde bouge.

Tout le monde le sait et le constate quelquefois à ses dépends.

On parle souvent de cette situation alarmante, et nombre d'individus souhaitent le changement.

Mais là, stupéfaction ! Plus personne ne bouge, plus rien n'avance.

Tout un chacun se bat ou se rebelle pour conserver ses acquis, son train-train routinier.

Et chacun, sans trompette ni fanfare, reprend son mode de fonctionnement habituel, avec ses mêmes valeurs, son même mode de vie, ses mêmes rêves, ses mêmes peurs et ses confortables voire incertaines certitudes.

En fait, tout un chacun dit : oui au changement ! Mais chez les autres d'abord.

Pour ne pas dire chez les autres, surtout ! En fait, tous veulent garder leurs gains et leurs avantages, durement gagnés, par nos aïeux, sur les barricades des révolutions passés afin d'assurer la transformation de la société d'alors.

Les grandes grèves des 19 et 20 siècles, sont encore dans la mémoire de certains livres pour témoigner des sacrifices qu'ont faits ces travailleurs, en leur temps et ce, pour leurs familles et le bien être des générations futures.

Or, voilà qu'aujourd'hui tout est remis en cause.

Pourquoi ? Pour partie, parce que notre système sociétal ne repose plus sur les valeurs du travail, de l'effort individuel et le sens du travail collectif.

De ce constat, on ne peut que craindre que notre société ne prenne appui que sur les seules spéculations financières et le matérialisme à outrance.

Ainsi, force est de constater cette corrélation, entre l'enrichissement indécent des uns, qui appauvrie l'abondance des autres, comme tendrait à l'expliquer « l'effet papillon ».

Cependant, tout est bon pour notre évolution, nous disent des sages, mais dans une juste mesure des pratiques pourrait répondre l'historien qui nous démontre que tout excès nuit à l'harmonie et à la pérennité d'une nation, d'une entreprise ou d'une industrie.

Par exemple, l'histoire des civilisations et de leur déclin nous démontre que leur processus de disparition répond toujours aux mêmes critères sociologiques : égarement des mœurs, injustices sociales et économiques omnipotentes, désintérêt de l'appartenance à une communauté, etc, etc.

Or c'est bien là que résiderait la source de nos problèmes économiques et sociaux.

Derrière les différents modèles que nous mettons en place pour sauvegarder notre type de société, se cache la reproduction d'un système qui, s'il avait sa raison d'être jusqu'au siècle dernier, n'est plus de mise en ce début de 3è millénaire.

Pourquoi un tel constat ?

Parce que cette ère nouvelle, dans laquelle nous entrons, va se construire autour de nouvelles forces, de nouvelles valeurs, de nouvelles pratiques managériales et entrepreneuriales.

Et cela implique, de fait, une figure de société radicalement différente de celle que l'on connaît aujourd'hui avec les tourments que cela peut générer.

Pour l'heure, un constat s'impose : on « *pédale dans la choucroute* », pour reprendre une expression populaire.

Rien de ce qui est mis en place n'apporte de solutions concrètes au plus grand nombre.

En fait, on vise la pérennité d'un système qui a eu son heure de gloire.

On ne vise que l'attachement aux valeurs traditionnelles de castes financières, intellectuelles ou entrepreneuriales mondialistes.

Mais où se trouve le juste partage des richesses, ce qui est différent, bien sûr, d'une irresponsable redistribution égalitaire ? Que devient l'esprit de solidarité et le souci de préserver la dignité de l'autre ? Cela étant dit, nous ne voulons pas aliéner le remarquable travail mené par quelques hommes politiques et savants de toutes discipline ou autres acteurs économiques qui œuvrent ouvertement ou en coulisse, pour redresser ce système en souffrance.

Nonobstant, posons-nous la question de savoir ce que nos solutions économiques et financières apportent de concret et de bien-être à l'humanité dans son ensemble.

Quels risques encourt-on à réagir ou à ne rien faire ? Regardons aussi, ce que notre style de management apporte à l'édification du salarié et au propre développement de notre entreprise.

Qui lésons-nous plus ou moins délibérément par nos actes injustes ou inexistants ? Qui bafouons-nous par nos attitudes de voyous, de donneurs de leçons voire de « tueurs » de l'initiative spontanée ?

Voilà les questions essentielles auxquelles nous aimerions apporter quelques réponses avec votre concours de patrons, de cadres dirigeants et d'hommes engagés dans les mutations de notre monde.

HUIT PRÉDICTIONS JUSTIFIANT LES FONDAMENTAUX DU MANAGEMENT DES HOMMES.

1. L'entreprise de demain n'aura pas pour seule vocation de dégager de fabuleux bénéfices au détriment des salariés et des marchés.

2. Développer ou maintenir son Chiffre d'Affaires en réalisant des bénéfices circonstanciés, reste une nécessité absolue pour la pérennité de l'entreprise.

3. L'entreprise du 3ème millénaire va devenir un des creusets de la transformation de l'homme et de la société grâce aux interactions forcées qu'elle va susciter.

4. Une mutation profonde et surprenante de la société, due à de possibles guerres intestines, à de sérieux conflits d'intérêts ou à des débordements climatiques et géologiques, pourrait radicalement faire du salarié, voire des hommes dans leur ensemble, une denrée rare qu'on préservera jalousement.

5. Le système boursier, basé sur la fructification monétaire à outrance et spéculative, au détriment du travail effectif, pourrait disparaitre violemment lors d'une prochaine crise économique mondiale.

6. La mondialisation est une nécessité qui n'altérera jamais les particularismes régionaux, culturels et humains.

7. Du fait de l'ampleur de certaines crises sociales, les modèles sur lesquels s'appuie le management des hommes vont évoluer vers de nouvelles valeurs, intégrant la tradition et la modernité sur le fond d'une éthique renouvelée autour de la dignité humaine.

8. Les épreuves et les crises engendrées par l'égoïsme des nations transformeront progressivement, puis radicalement, les croyances matérialistes actuelles pour donner naissance à un nouveau modèle de sociétés et d'entreprises fondé sur l'intention de l'action juste et la répartition équitable des richesses.

POURQUOI DE TELLES PRÉDICTIONS ?

Parce que maintenir puis développer son Chiffre d'Affaires en réalisant des bénéfices circonstanciés, reste une nécessité absolue pour la pérennité des PME, PMI.

De ce point de vue, on peut considérer le Chiffre d'Affaires comme étant le sang de l'entreprise.

Aussi, si ce Chiffre est anémié, l'entreprise perd de sa vitalité et risque de s'effondrer par faiblesse.

Par conséquent, faire du Chiffre d'Affaire un objectif majeur, c'est déconsidérer la vraie mission de l'entreprise qui est d'engendrer des richesses, de créer des emplois et de contribuer à l'évolution des hommes autour d'un système sociétal cohérent.

Adhérer à ces principes, c'est engranger un capital d'énergies positives qui attireront succès et croissance des plans d'action mis en place.

Cependant, on peut souvent constater que les Grandes Entreprises sortent de ces considérations, car l'approche du Chiffre d'Affaire fait l'objet de certaines stratégies mondialistes qui se réfèrent à d'autres valeurs susceptibles d'interférer avec les fondements de l'éthique.

Malheureusement, c'est dans ces épreuves et dans des contextes professionnels insoupçonnables à ce jour, que l'homme recouvrera et développera sa dignité au travail, son sens des responsabilités et le juste partage de ses richesses et connaissances.

Par conséquent, l'immaturité de certains décideurs, âpres aux seuls gains spéculatifs et ne disposant pas de la conscience universelle nécessaire à l'équilibre des forces mises en mouvement, facilitera la disparition du système boursier devenu le seul référent du grand capital.

Ne dit on pas que celui-ci thésaurise 30% des richesses de la planète pour l'intérêt de moins de 20% de ses habitants, alors que 95% de l'argent qui circule dans le monde... est virtuel !).

ALORS POURQUOI LA VIE ?

Commençons par préciser ce qu'est tout simplement la vie et comment en comprendre les mécanismes pour saisir les intérêts qu'il y a à travailler, c'est-à-dire à exercer un travail.

Pour cela, intéressons-nous un instant au but de la vie tel qu'il est perçu au sein même de l'entreprise d'aujourd'hui.

La première remarque qui s'impose relève de l'attitude d'une certaine jeunesse, qui semble indolente face aux exigences des entreprises privées.

Indépendamment des discours politiques voire démagogiques qui mettent en exergue la vitalité de la jeunesse, force est de constater que nombre de jeunes n'ont envie de rien et se laissent béatement porter par le système social.

Leur manque d'intérêt pour la vie se manifeste, dans certaines classes sociales, par une consommation immodérée d'alcool, de drogues voire de « rêves parties » ou rave party qui leur permet de ne pas affronter certaines réalités du quotidien.

Leurs déconvenues dues au matérialisme à outrance, n'ont pas contribué à donner du sens à leur vie.

Certains sont même devenus les orphelins d'une raison d'être.

On le voit bien, lorsqu'on reçoit certains d'entre eux pour connaître et approfondir leurs motivations au moment où ils se présentent devant les employeurs ou les recruteurs d'écoles de commerce.

Selon différentes sources, ils sont veules, sans énergie de combat, sans vision de leur avenir et sans réelle envie de travailler ou de faire des efforts.

Cependant, tous les jeunes ne sont pas à classer dans cette rubrique.

Citons une jeune étudiante en gestion à qui on demandait ce qu'elle pensait de la vie : « *Quand on n'est pas sur sa route, la vie vient vous reprendre par la peau du dos pour vous remettre dans le chemin* ».

L'autre fait principal, qui m'a sidéré pendant ma carrière de consultant, c'est la rencontre avec un brillant directeur informatique d'une PMI.

Pour lui, tous ses collaborateurs étaient des nuls.

Avec cet état d'esprit, il s'était acquis la réputation d'être un grand « videur » d'ingénieurs informaticiens.

Comme il n'était entouré que de nuls, je lui ai demandé qui avait effectué ces recrutements et embauches.

Stupéfaction ! J'étais éberlué d'apprendre que c'était lui le recruteur de ses troupes avant d'en devenir le « videur » intransigeant.

Il me vint alors à l'esprit de lui poser trois banales questions que je vous livre pour réflexion.

Pourquoi vivez-vous ? Pourquoi souhaitez-vous être chef ? Qu'apportez-vous à vos collaborateurs ?

Aucunes des réponses proposées ne furent satisfaisantes.

Pire encore, il ne présentait aucun argument motivant pour susciter chez ses collaborateurs une réelle envie de s'investir totalement dans un quelconque projet inhérent aux missions de l'entreprise.

Force a été de constater au cours de ma carrière professionnelle que nombre de responsables agissaient de la même manière que ce cadre professionnel, autrement dit, avec autoritarisme, despotisme voire inhumanité.

Qui est l'autre ? Pourquoi travaille-t-il ? Quels sont ses vrais besoins ? Quelles sont ses envies ?

Aucune de ces simples questions n'effleurent l'esprit de ceux centrés sur les seuls chiffres.

N'est-ce pas là, une des causes de la crise économique, de cette crise d'identité que vivent les citoyens dans leur ensemble et même quelques nations ?

J'arrête-là ces illustrations pour vous proposer une définition de la vie sortant des sentiers battus.

Cette définition m'a été suggérée et donnée par un maître d'école retraité, Michel C : « *La vie n'est ni une négation du passé ni le refus de l'avenir, mais le développement harmonieux de l'un vers l'autre à travers le présent.* »

Il existe, bien sûr, d'autres définitions intéressantes voire plus digestes.

Cependant, je vous propose de l'intégrer au travers de quelques pistes de réflexion que je qualifierais de métaphysiques.

J'espère qu'elles susciteront en vous de nouvelles attitudes de comportement pour devenir un manager plein de sagacité et de lucidité, mais surtout, un véritable leader pour votre équipe et votre entreprise en ce début du 21ème siècle.

Premier axe d'investigation de la vie : La vie représente un potentiel de conscience.

Entendons par cette formulation, que la vie est un ensemble de ressources disponibles qu'il nous faut explorer du fait qu'elles participent au processus d'évolution de la conscience.

Autrement dit, on peut considérer que l'une des raisons de la vie est de contribuer à l'expansion de la conscience de l'homme, grâce au pouvoir dont celle-ci dispose pour provoquer notre ouverture d'esprit afin qu'on devienne un « être individuel », 100 % responsable de nos pensées et de nos actes, comme suggéré précédemment.

Comment s'opèrent ces transformations ?

Tout simplement ! Notamment, lorsque nous expérimentons et surmontons diverses situations plus ou moins traumatisantes.

Toutes ces expériences positives et négatives favorisent, de fait, l'expansion de notre conscience et notre connaissance de soi.

Dans cette perspective, vivre implique d'expérimenter consciemment tout ce qui se présente à nous, afin que les leçons que la vie contient, soient assimilées, comprises puis intégrés à notre mode d'existence pour contribuer à notre d'évolution.

Voilà pourquoi les maîtres de sagesse nous incitent à utiliser notre mental supérieur, telle l'intuition par exemple, pour en faire une « puissance » de changement et de transformation.

Puissance que nous acquérons en observant, en acceptant et en mettant en oeuvre les leçons tirées des expériences qui nous sont données chaque jour et à chaque instant lors des différentes épreuves que nous rencontrons.

Pour illustrer notre propos, on peut citer les leçons concernant la patience, le détachement, la compréhension, la concentration ou les attitudes justes qu'il nous faudrait mettre en place devant les désagréments de la vie.

Le schéma ci-dessous, inspiré de la gamme musicale, illustre l'évolution que parcourt notre conscience en fonction des expériences acquises durant notre vie.

Comme on peut le constater, les degrés de conscience s'amplifient avec l'élévation du niveau d'évolution.

En fait, ces deux paramètres, niveau d'évolution et degré de conscience, sont interdépendants.

Figure 1: Évolution que parcourt notre conscience en fonction des expériences acquises

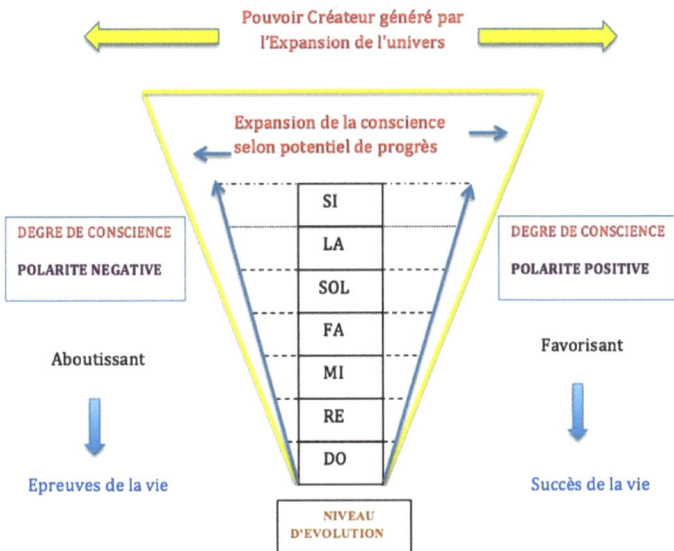

Deuxième axe d'observation de la vie : La vie suscite une masse d'épreuves spontanées et continues.

La vie, par ses tracasseries diverses, est un déferlement de troubles qui déclenchent chez les uns et les autres, toute une série d'émotions, d'états d'âmes contradictoires et de sentiments très variés, visant à nous « défossiliser », pour ne pas dire nous dégrossir.

Autrement dit, à nous défaire de notre rigidité, afin de nous libérer de nos principes, voire de notre armure mentale qui freine tout mouvement d'évolution personnelle.

Pour parfaire notre propos, nous préciserons qu'au milieu de cet envahissement plus ou moins chaotique d'émotions et de sentiments plus ou moins positifs, nous sommes, à l'instar des flots qui frappent et modèlent les rochers, comme une vague qui ne cesse de claquer contre la falaise des raideurs qui, par la répétition de ses « fracasseries », nous amène, avec le temps, à nous transformer.

Pour mieux visualiser cette image, je vous recommande de voir ou de revoir le film ou le livre relatif à l'histoire de Jonathan Livingston le goéland, de Richard Bach.

Cela dit, on peut considérer qu'un des objectifs de la vie, est d'activer les fonctions de notre Mental Supérieur afin qu'il développe, par sa grande amplitude, des réformes au sein de notre matière biologique.

Or, dès l'instant où l'on se confronte à certains aspects de la matière, il se crée, automatiquement dans notre Mental Supérieur, des interactions de flux d'énergie sous formes de débordements.

Ces chaos d'énergie suscitent et engendrent, dès lors, des périodes de bouleversement et de réorganisation de notre vie.

Par exemple, le partage de certains points de vue avec un partenaire peut amener des problèmes suite à quelques nouvelles divergences à propos de leurs croyances, de leurs visions du monde ou des valeurs respectives de chacun.

Pour conclure l'analyse de cette seconde approche, on peut considérer avec les Sages, que la vie est un grand délire de création issue de notre esprit, ce qui nous distingue du règne animal.

Voilà pourquoi nous sommes invités à prendre goût au jeu créatif qui est une faculté essentiellement humaine.

Troisième axe d'exploration de la vie : La vie vécue comme axe d'épanouissement spirituel.

On peut aussi considérer que la vie vise à développer toutes les qualités intrinsèques de l'homme par l'expérimentation.

Qualités issues profondément de l'ensemble des énergies qui le constituent.

Mais comment s'opèrent de telles prises de conscience pour aboutir à certaines transformations ?

Tout simplement en acceptant les expériences que nous propose ou nous impose la vie.

Grâce à ces expériences, nous nous imprégnons d'énergies nouvelles qui nous permettent de nous « réveiller » et d'accéder ainsi à des plans de conscience supérieurs, nous donnant par la-même :

- Une meilleure vision de notre contexte et de son devenir,
- Un meilleur entendement,
- Plus de ressenti et d'intuition,
- Une plus grande capacité d'abstraction,
- Une créativité accrue et bien d'autres qualités encore.

Prenons un exemple :

Un végétal peut nous dire intérieurement, si nous sommes un sensitif : « *il n'est pas interdit que tu me cueilles, que tu me sépares de ma branche ou de ma racine et que tu me transportes dans ta maison.*

Mais il faut que mon sacrifice serve et soit utile pour toi-même et pour les tiens.

Donc, pour que ce que je représente pour toi, telles mes couleurs et mon parfum par exemple, lorsque tu me cueilles, pense à la vie et au respect de la vie et au respect de l'autre (comme énoncé dans les dialogues du film Avatar).

Pense que la vie se partage, que tu la partages avec moi, que tu peux me considérer comme un être ou une matière en évolution qui, pour l'instant, est une plante. » Cette attitude égayera votre demeure, y apportera de bonnes vibrations et pourquoi pas, vous servira de base à vos méditations.

Ayez donc la pensée juste et agissez avec la pensée juste.

Cet exemple nous confirme que les leçons de la vie doivent être :

1. **Reçues**, c'est-à-dire acceptées comme telles pour les assimiler. Or, combien de fois n'avons-nous pas occulté ou rejeté certaines épreuves.

2. **Comprises**, pour intégrer leurs messages dans notre vie et comprendre pourquoi elles se manifestent maintenant. Cette compréhension participe à nous libérer de nos attaches, afin de favoriser notre ouverture d'esprit.

3. **Admises**, pour les accommoder à nos pratiques quotidiennes avant de les généraliser à tous les aspects de nos relations et de notre vie, favorisant ainsi notre transformation.

4. **Expérimentées** pleinement, afin d'explorer un certain nombre de situations en toute conscience pour en tirer tous les bénéfices et enseignements inhérents à notre développement.

En fait, par nos propres initiatives, nous facilitons ou entravons nos expansions de conscience, c'est-à-dire notre évolution.

Autrement dit, l'homme est responsable des accélérations ou du retardement de sa croissance et de sa transformation par les décisions qu'il prend en toute liberté.

Pour mieux intégrer ces concepts, je vous propose de vous référer au schéma du parcours qu'entreprend la conscience dans son cycle d'évolution.

Figure 2 : Illustration du parcours général de la conscience

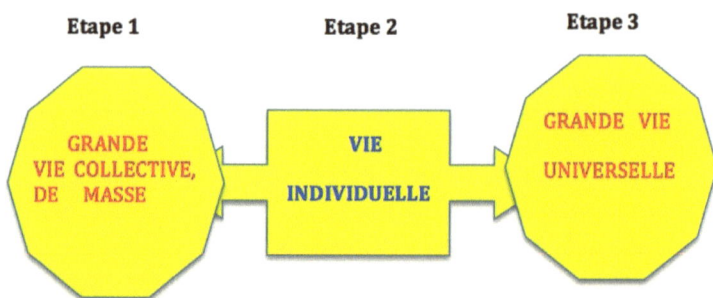

Le schéma ci-dessus, illustre les **trois étapes** qui caractérisent la prise de conscience. Ainsi :

Etape n° 1

L'humanité se trouve soumise à sa naissance, à une grande vie collective de masse qui, globalement, mobilise l'énergie générée par les grandes émotions humaines et planétaires.

Cette humanité participe pleinement aux déclenchements des conflits humains propres à la nature de la terre.

De fait, il n'y a pas de possibilité d'avenir pour ce groupe parce qu'à ce stade l'homme n'a pas encore acquis son individualité.

En fait, le salarié qui appartient à cette « masse » collective peut être comparé à un soleil qui n'a pas encore de rayonnement et ce, malgré son potentiel sous jacent.

Ces salariés représentent une population naïve, de gens crédules, éblouis par les images publicitaires et « saoulés » par la musique à hauts décibels.

Etape n°2

La vie individuelle prend le relais et exprime la manifestation ou le rejet des ressources de la « masse ».

Bonjour l'égoïsme puis l'égocentrisme des premiers temps qui stoppent tout développement d'avenir.

Cela étant dit, il faut savoir qu'en passant dans la matière de la planète terre, l'homme prend conscience de son individualité au fur et à mesure de ses expériences terrestres.

Voilà pourquoi il est important pour lui de sortir de ses automatismes.

Car, plus vite il en sort, plus vite il devient positivement individuel, c'est-à-dire libre de sa pensée dans le sens large du terme dénommé le « Moi Je » universel.

Au cours de cette phase, l'homme a le pouvoir d'envisager chaque chose dans le sens de l'harmonie « de l'univers ».

Etape n°3

Représente la grande vie universelle qui met l'accent sur l'acquisition d'un sens aigu des responsabilités et d'une conscience éveillée contrairement à celle de l'homme de la rue qui a une conscience automatique.

En fait, le salarié qui a atteint ce stade d'évolution est devenu un être de la vie, un homme ou une femme d'action et de réflexion et ce, contrairement aux conditionnements automatiques qu'exige la nature pour répondre à son programme de perpétuation de la vie.

Ce programme règle tous les processus naturels et vitaux telles les saisons, les cycles de la nature, les durées de vie, etc..

En fait, par nos propres initiatives, nous facilitons ou entravons nos expansions de conscience, c'est-à-dire notre évolution.

Autrement dit, l'homme accélère ou retarde sa croissance et sa transformation par les décisions qu'il prend et dont il est le seul responsable.

QUELLES PEUVENT ÊTRE LES CONSÉQUENCES DU REJET DE L'EXPÉRIENCE ?

L'homme qui refuse l'expérience de la vie avec ses leçons à décrypter, devient un être conditionné par ses émotions, c'est-à-dire prisonnier de celles-ci, pour ne pas dire esclave de ses sentiments et enchaîné à ses préjugés.

Il devient dès lors dépendant de ce qui est appelé « une âme groupe »* qu'on peut aussi dénommer la masse, le grand public et s'enferrer ainsi dans l'étape n°1 de notre schéma intitulé : Parcours de la conscience.

A ce stade, l'humanité subit de fait, et collectivement, les grandes épreuves qui touchent le plus grand nombre d'individus, aux travers des perturbations climatiques, géologiques, financières et économiques comme les pressions de la concurrence, les exigences du marché voire les affres liées à la mondialisation.

APPROFONDISSEMENT DU CONCEPT

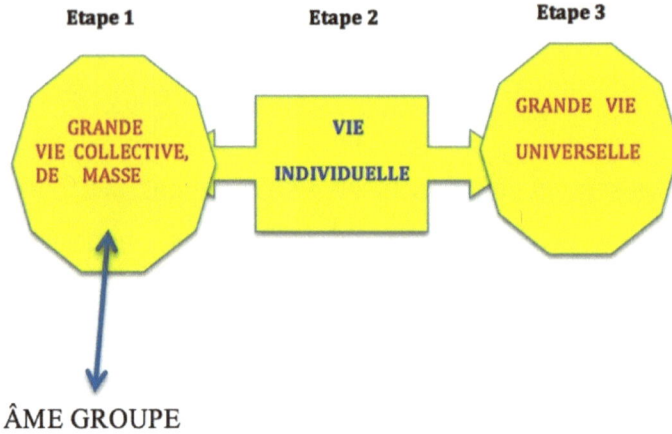

ÂME GROUPE

Tout être vivant : minéral, végétal, animal ou humain - qui n'est pas doué d'une pensée consciente, libre et intelligente constitue, avec tous ses semblables, une âme-groupe dénommé aussi âme collective.

Cette âme-groupe se caractérise par un esprit, un corps et une intelligence collective non individualisée, c'est –à-dire non consciente de son « Moi-Je ».

Ce concept est évoqué dans le schéma de la figure 1, représentant la vie collective de masse du parcours de la conscience.

De fait, la majeure partie de l'humanité appartient à des âmes-groupes dénommées aussi égrégore car chaque individu fait d'emblée partie de cette âme universelle.

Cette population est totalement inconsciente et entièrement dépendante de l'intelligence collective et des phénomènes de groupe.

Il y a, par exemple, l'âme-groupe des catholiques, celle des bouddhistes, celle des communistes, celle des matérialistes, celle des fans de telle ou telle star mondiale.

Tous les êtres qui font partie de ces âmes-groupes ne pensent pas réellement par eux-mêmes ; ils sont pensés, influencés et vécus par des intelligences supérieures et invisibles dont ils ne soupçonnent même pas l'existence.

Pour qu'il devienne un « Roi », un Maître des lieux, il faut qu'il devienne individuel car tout semble né du Un, c'est-à-dire de l'individuel lors du Bing Bang, qui n'était qu'un point de volume nul à son origine.

Nonobstant, on fait partie de la « collectivité » parce que tels sont les premiers stades naturels du mouvement de la vie.

Pour créer l'existence de l'homme, il a fallu que la « Vie », que la « complexité » l'extériorise de ce nul part venu d'ailleurs.

Et, dans cette extériorisation, il y a eu création de ce phénomène nommé « collectivité ».

De ce fait, l'homme a, comme travail premier, de sortir progressivement de cette « collectivité » pour devenir un Être « Individuel » dans les choses quotidiennes et profane de la vie, tout comme dans les choses spirituelles du genre : ***Qui sommes-nous et où allons-nous ?***

Ainsi, et petit à petit, en découvrant son « Individualité », l'homme va se connecter paradoxalement, comme par hasard, sur « le Un Universel », avec son sens du service à l'humanité.

Par cet énoncé, on devine le concours qu'apporte l'employeur à l'évolution de son salarié dès lors qu'il l'amène à se dépasser.

Par ailleurs, toute cette phraséologie peut être illustrée par ce dialogue tiré du film : le concert ou le chef d'orchestre dit à un protagoniste communiste : ***« Un orchestre est un monde ou chaque personne vient avec son propre instrument, son propre talent pour jouer ensemble, le temps d'un concert, avec pour seul***

35

idéal de trouver l'unisson, pour exprimer la mesure et atteindre l'harmonie. Et pour chacun des solistes, c'est ça le communisme... ».

En résumé de ce chapitre, retenons que la vie à pour fonction de faire évoluer notre nature humaine :

- En **expérimentant** les différents degrés de conscience qui se présentent à l'homme, mais aussi les divers niveaux d'évolution qu'il doit parcourir pour atteindre « la sagesse ».

- En **explorant** le plus grand nombre de situations variées et d'épreuves qui visent les prises de conscience grâce à l'entendement qu'elles engendrent.

- En **participant** à l'augmentation de notre capital d'informations initial.

En fait, si vous ne vous sentez pas à votre place dans votre entreprise, quittez cette place.

Cependant, si vous ne quittez pas votre place, c'est que vous êtes à votre place ! Ce qui est, est, disait Aristote.

Notez qu'il n'y a que ceux qui prennent des risques qui évoluent.

L'échec, ce n'est pas de réussir; l'échec, c'est de ne pas essayer.

Alors, ou en êtes-vous dans vos projets ? Combien de pas avez-vous effectué pour sortir de votre tanière ?

Dès lors, pour faciliter notre adaptation, il est bon de connaître l'objectif de notre environnement.

C'est le chapitre que je vous propose de développer ci-après.

QUEL RÔLE JOUE LA TERRE POUR L'ÉPANOUISSEMENT DE L'HOMME ?

Françoise Hardy, chanteuse française de son état, nous a dit : « *La Terre est une école initiatique et chacun de nous y vient pour apprendre quelque chose.* »

Effectivement, notre terre peut être considérée avant tout comme un caillou initiatique qui donne un cadre matérialiste et rationnel à l'évolution de notre humanité.

La terre offre donc un véritable lieu d'enseignement semblable à celui d'une école.

Autrement dit, un terrain où on apprend et où les plus volontaires des humains gagnent des degrés d'évolution en mode accéléré.

Cependant, pour un plus grand nombre, l'école représente aussi cet espace qui concourt à former des citoyens et à les accompagner dans l'acquisition d'un métier.

Malheureusement, l'école, à l'instar d'autres institutions, ne réunit pas que des gens parfaits.

De ce fait, il ne semble pas sage et raisonnable que les parents ou les écoliers, attendent que les professeurs soient des gens parfaits, sous prétexte qu'ils sont éducateurs et bénéficient de telle ou telle connaissance spécifique.

Certes ! Ce n'est pas sage bien sûr.

Nonobstant, on retrouve cette même problématique avec certains cadres d'entreprise.

Par ailleurs, on comprend très bien qu'un élève puisse être très méchant, un autre très brillant et un autre très bête pour illustrer quelques extrêmes.

Dans le même ordre d'idée, nous comprenons très bien qu'un professeur puisse être pervers et un autre fantastique dès lors que l'on considère consciemment que l'école représente, tout simplement, un terrain pour **apprendre, comprendre et s'exprimer.**

Acceptons donc, par analogie, qu'il en est de même pour la planète terre qui s'apparente ainsi à une école d'apprentissage de la vie pour l'humanité.

Pourquoi une telle similitude ?

Parce que notre sphère est l'endroit où l'éclosion de la vie physique a eu lieu il y a quelques millions d'années passées pour porter la vie et servir de lieu d'expérience favorable au développement de l'individualité de ses occupants.

Ceci, afin de les soustraire à la loi des masses, laquelle est responsable du collectif humain irréfléchi.

Pour que chaque individu évolue et prenne sa place de « Roi » comme le propose certains textes sacrés.

De fait, l'homme dispose d'un corps physique qui lui procure les expériences typiques dont il a besoin pour l'avancement de sa conscience.

En fait, l'hominidé que nous sommes, ne peut rien faire sans la matière.

Par conséquent, il n'est pas question d'élaborer un système parfait pour protéger l'homme de toutes vissicitudes.

Non ! Éviter ce piège de la quiétude artificielle permet à l'homme d'évoluer.

Effectivement, il est mieux pour lui d'avoir un endroit qui soit le plus neutre possible, pour que son individualité construise ce qu'il a envie de construire afin d'être libre et qu'il apprenne à être responsable de ses choix et de ses actes.

Voilà pourquoi la terre n'est ni bonne, ni mauvaise et qu'il est bon pour elle d'être neutre.

Ne faut-il pas considérer qu'il pourrait en être de même dans l'esprit de ceux qui gouvernent les nations ?

On comprend maintenant, que la mission de la terre est de donner un corps valide à l'homme afin qu'il l'utilise comme il l'entend !

Mais la terre est aussi ce lieu où se manifeste la loi de cause à effet, dite aussi loi d'attribution ou loi du Karma selon les hindouistes.

Pour l'exemple, on peut se référer à l'adage : *« qui sème le vent, récolte la tempête »*.

Voilà pourquoi, face à cette loi d'attribution, la vie se trouve simplement vécue, endurée, ou méritée.

En résumé, il existe bien un chemin initiatique, c'est-à-dire un chemin d'évolution, et parce que ce chemin est considéré comme initiatique, nul Être de Sagesse n'a le droit d'y interférer pour ne pas nuire à l'avancement propre de chaque homme.

Voilà pourquoi, si par amour, un « Être » d'exception décidait d'être le véritable sauveur des hommes en leur retirant par exemple les maladies, en construisant un système social fantastique, ou en leur apprenant comment être non violent, il n'aurait qu'une petite chance d'arriver à ce résultat, car les individus ne seraient pas forcément capables de mettre en pratique tout ce qui leur serait demandé.

Par ailleurs, les forces mêmes de l'évolution ne pouvant plus s'exercer, cette humanité prendrait alors le chemin de la régression, et elle deviendrait encore plus inconsciente qu'elle ne l'est déjà collectivement.

On assisterait alors à un univers mécanisé, dans l'esprit que l'un a le droit à ceci, l'autre a le droit à cela, voire, « *tu dois faire ceci, tu dois faire cela.*

Où bien, pour être heureux, prends telle pilule pour avoir tant d'enfants, prends tel ou tel légume que tu saupoudres de ceci ou de cela et tu auras des enfants de tel aspect ! » Croyez-vous vraiment que tout ce programme serait cautionné par l'évolution qu'exige la vie ?!

En fait, créer un système parfait de protection étouffe la plante, étouffe l'homme, étouffe la vie ! Voilà ce que demande la « masse », le collectif apparenté au groupe 1 du parcours de la conscience qui vise à extorquer le pouvoir, à dominer et à s'enrichir aux dépends des autres.

Lorsqu'on dirige le bien avec trop de rigueur, ou en le légiférant à outrance, on ne permet plus à l'individu de conquérir son propre bien comme ce qu'il y a de mieux pour lui, sa liberté d'exister et son bonheur d'être ce qu'il veut être.

Or, conquérir son propre bien est capital pour l'homme, parce que c'est là qu'il comprend son existence et qu'il devient la vie et le support de celle-ci à part entière.

Voilà pourquoi il lui faut gagner son état « d'Initié », c'est-à-dire son état d'appartenance au groupe des « Connaissants », afin d'**être celui qui sait qui il est, d'où il vient et où il va**.

Par conséquent, la terre, avec son humanité, n'est plus une civilisation à protéger de façon paternaliste comme certains gens voudraient qu'elle soit encore protégée.

Et ces remarques concernent aussi nos dirigeants, certains patrons et cadre sup parce qu'ils sont encore très enfantins en eux-mêmes.

En effet, d'aucuns ont peur, du futur, de l'avenir, comme autrefois l'homme avait peur du tonnerre, de la foudre au même titre que le ciel ne lui tombe sur la tête ou la peur d'aller trop loin sur l'océan parce qu'il ne connaissait pas la forme de la terre. Se disant intérieurement, « ***Qui a t-il après ? Que va t-il arriver ?*** »

Aujourd'hui l'homme a peur de la résurgence d'une guerre intestine ou mondiale ; il a peur de la crise économique et de ses conséquences; il a peur du déchaînement de la nature, de ses séismes, tsunamis et éruptions volcaniques.

Alors stop ! Haro sur nos peurs... On reprend son calme et on va se rafraîchir pour réfléchir et s'instruire de l'histoire de l'humanité, acquérir certaines connaissances traditionnelles et entendre les recommandations de nos experts, de nos savants et de nos sages qui considèrent qu'il existe une énergie de protection et de perfection éternelle.

Voilà pourquoi il faut être conscient de ses peurs afin ne pas se laisser écraser par elles ... car la peur freine la volonté et la conscience humaine.

Peut-on dire que la planète court un risque ? Non ! Pas vraiment.
Même si le poème ci-dessous nous incite à être vigilent.

Réflexion poétique

CONDAMNATION

J'ai passé un moment, à écouter l'événement
D'une sphère polluée, appelée notre Terre.

Partie du chaos primitif, après Big Bang natif
La voilà dépossédée, par hommes désabusés.

Les chiffres sont là, témoignant l'assassinat
De nos belles contrées, que nous avons éventré.

Demain la mort œuvrera du dehors
Si nous ne contrôlons ces régions que nous volons.

Pensez à vos fils, hommes du sacrifice,
Car bientôt pleurerez, d'avoir ainsi

Mais il sera trop tard, pour éviter le mitard
Afin de régénérer, notre sphère bien rongée.

Cela étant dit, rassurons-nous ! Les astronomes prédisent que notre planète va encore vivre cinq milliards d'années avant d'être engloutie par notre soleil.

On dispose donc d'une marge d'action suffisante pour prendre quelques dispositions, en supposant que l'homme de demain ne sera plus semblable à l'homme d'aujourd'hui sur les plans biologiques, morphologique et psychologique.

Pourquoi pas !

POURQUOI PARLER DES OBJECTIFS DÉDIÉS À L'HOMME ?

je vous propose de développer cette question en trois dénominations arbitraires du fait de leur frontière ténue : Le but de l'homme, Le rôle de l'homme, la mission de l'homme.

1er mandat : Le but de l'homme

C'est d'effectuer un travail sur lui-même pour construire son « **Moi-Je** », donc, de se transformer afin de développer son individualité qui va le distinguer des autres humains.

En ce sens, l'Entreprise lui permet de mieux se connaître grâce aux interactions et épreuves qu'il rencontre avec ses collègues et les biens matériels qui constituent son environnement.

Tout ceci l'oblige à se responsabiliser et regarder ses défauts comme des limites de sa propre nature, sur lesquelles il pourra porter son attention pour accomplir son travail de transformation.

2ème mandat : Le rôle de l'homme

C'est d'apprendre à lâcher ses limites pour prendre possession de la matière.

Pourquoi ? Parce que c'est dans la matière que se trouve la force et la puissance, comme nous le démontre l'énergie atomique produite dans nos centrales nucléaires et quelques autres centres de recherche.

Lâcher ses limites dans l'Entreprise, c'est être capable, comme nous le propose ce tableau, inspiré de l'analyse transactionnelle.

Tableau 1 : Tableau de gestion des "strokes"

SAVOIR DEMANDER	SAVOIR DONNER
De l'aide, des conseils, une mission, un salaire, une formation, une mutation, une promotion, d'autres outils de travail...	Du soutien, un avis, un reproche, de son temps, de l'écoute, des moyens, du plaisir à faire le travail, un cadeau, un compliment, l'envie de...
SAVOIR RECEVOIR	SAVOIR REFUSER
Un avis contraire au sien, un reproche, une demande de pardon, un compliment, un cadeau, une nouvelle affectation, un changement de fonction, un nouveau collègue	D'être bafoué dans sa dignité, d'être vilipendé publiquement, refuser certaines directives injustes ou des objectifs arbitraires...

Mais que signifie prendre possession de la matière ?

C'est, tout simplement, savoir utiliser et profiter utilement et en conscience de l'ensemble des matériaux et biens de consommation qui nous sont alloués pendant notre séjour terrestre.

De plus, c'est faire l'effort d'acquérir un corpus de connaissances en vue d'augmenter notre capital d'information initiale comme nous l'avons déjà évoqué.

3ème mandat : La mission de l'homme

C'est d'entretenir la vie de la planète et de l'humanité en « **sacralisant** » la matière qui se présente à lui, afin de passer du sommeil de la conscience de masse à l'éveil de sa conscience individuelle, pour rendre le monde plus parfait.

Par exemple, « sacraliser la matière » dans l'entreprise, c'est prendre soin volontairement de tous les outils qui sont mis à notre disposition pour effectuer nos tâches.

C'est aussi prendre soin et respecter tous les biens mobiliers ou autres matériaux quels qu'ils soient, des plus désuets aux plus high tech...

Le schéma ci-dessous se veut représentatif des plans par lesquels l'humanité passe pendant son périple terrestre.

Nous développerons plus loin les rouages de cette planche.

Contentons-nous, pour l'heure, d'en voir l'esprit général afin de nous situer dans le cycle d'évolution que nous sommes plus enclin à comprendre et à explorer :

- **La première étape** représente la grande vie collective qui nous permet d'expérimenter les aspects affectifs, émotionnels et mentaux de la nature humaine, tant dans leurs aspects objectifs que subjectifs.

- **La seconde étape** représente l'exploration de la vie individuelle avec ses épreuves de prises de conscience qui façonnent nos particularités et notre originalité pour nous aider à sortir de la pensée collective de masse.

Figure 3 : Passage des plans de conscience

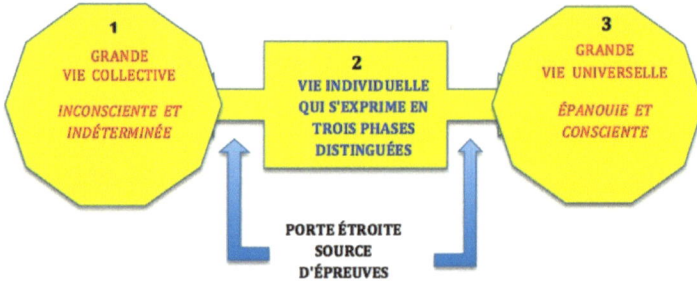

- **La troisième étape** nous plonge de plein pied dans la grande vie universelle.

Celle-ci nous incline à servir la vie, la conscience et le bien être de nos semblable.

PARTIE 2 : PROPOS SUR LE TRAVAIL

POURQUOI FAUT-IL TRAVAILLER ?

Voilà ce qu'en disent certaines personnes :

« *La vie est agressive. Il nous faut donc travailler dans des contextes pas toujours jolis, parfois hostiles voire inhumains… d'autres expriment qu'il faut peiner à la tâche, qu'il faut souffrir dans certains efforts, être malade et faire comme s'il n'en était rien, qu'il faut se supporter les uns les autres et même vivre des trahisons* ».

Nonobstant, toutes ces raisons, bien qu'elles soient justifiées, sont des raisons nous rendant malheureux, d'autant qu'on flirte dans une attitude de perdant qui ne voit que l'immédiat des causes possibles.

En fait, elles marquent l'attitude de ceux qui n'ont pas encore compris le sens de la vie, faute de savoir élever leur esprit au dessus de la mêlée.

Or, au lieu de se dire que la société est vraiment nulle, que la société est méchante, que la société est oppressante parce qu'il me faut travailler pour avoir un croûton de pain, il convient d'adopter, pour sortir des sentiers battus, une démarche plus réfléchie du genre :

« *il faut que je travaille.*
D'accord ! Mais pourquoi dois-je travailler ? »

Et là, seulement là, l'homme commence à comprendre le sens initiatique de la vie.

Il sait, par exemple, qu'en travaillant, il participe à l'élaboration d'un système de valeurs sociétales où chacun trouve la place qui lui convient, la juste rémunération de son activité et la reconnaissance de ses prestations.

Inversement, on peut aussi considérer qu'une vie sans travail mine, tôt ou tard, notre entendement et notre discernement, qui se trouvent dès lors dénué de signification et donc sans l'appui de nos valeurs et sans la satisfaction que peut procurer la vie pour le désœuvré que nous devenons.

C'est ainsi que nous risquons de perdre nos moyens psychiques, pour finir dans un état de « zombie », c'est-à-dire d'un être très atténué intellectuellement et moralement.

Voilà pourquoi certains auteurs prétendent qu'une attitude négative vis-à-vis du travail rend tant de gens malheureux, faibles ou malades, car toute action engendre une réaction plus où moins proportionnelle par l'intention de celui qui la met en œuvre.

Comme la vie est mouvement, agir pour l'homme répond à une nécessité de l'existence.

C'est pour cela qu'il faut savoir se réjouir d'avoir un corps plein de vitalité, grâce auquel chacun de nous peut organiser sa vie, la pérenniser et valoriser ainsi chacune de ses activités en vue de se combler de plaisirs.

En fait, avoir du travail peut être vécu comme une faveur, une destinée positive ou un mérite, parce que celui qui ne fait rien, risque de se perdre dans l'ennui voire la désolation d'une vie insipide avec, à terme, la déprime d'être laissé pour compte par la société.

POURQUOI CERTAINS HOMMES DÉDAIGNENT-ILS TANT LE TRAVAIL ?

Rappelons-nous d'abord que nombre de parents disent : « *travailler est une nécessité, il faut travailler, tu dois travailler, tu dois subvenir à tes besoins, c'est une obligation légale et, en plus, c'est une pression psychologique car si tu ne travailles pas tu es identifié comme un marginal.*

Plus personne ne te regarde, les filles ne tombent plus amoureuses de toi et l'homme qui ne travaille pas a, d'un seul coup, énormément de problèmes. »

En fait, tant que l'homme ou le jeune ne sait pas pourquoi il faut travailler, le travail lui apparait comme un joug, comme une obligation, comme une loi intransigeante qui lui déplait, ce qui engendre automatiquement chez lui une certaine révolte sous forme de désinvolture, de d'opposition voire de rébellion.

La conséquence de ce manque de motivation, c'est que la jeune personne ne veut pas faire l'effort d'apprendre un métier ou exercer une activité qu'il juge indigne de sa condition.

Puis, plus tard, l'homme rechigne de s'investir dans son métier en donnant le meilleur de lui-même.

De ce fait, l'employeur ne pourra pas compter sur le dévouement voire l'expertise de ce salarié.

Et voilà comment, l'altération des valeurs de tout un système économique peut mettre l'ensemble d'une nation en péril.

Et cela, parce qu'aujourd'hui, on n'éduque plus les enfants au goût du travail qu'ils considèrent, dès lors, comme une contrainte.

C'est, malheureusement, un constat négatif.

Cependant, reprendre ces valeurs à leur source et les développer peut, progressivement, être le bon remède salvateur.

QUE GÉNÈRENT COMME MÉFAITS LE REJET DU TRAVAIL ?

Socialement, tout rejet du travail ou de son principe peut créer d'un coup une génération de fainéants, de révoltés, et de réactionnaires de tout bord.

Normal dans une société permissive et protectrice à outrance du fait que beaucoup de travailleurs soient plus « taxés » que certains chômeurs.

Qu'en dites-vous ? Oui ! Mais alors… Eh bien, pour motiver ensuite ces gens au travail, la société va devoir trouver des moyens astucieux pour les inciter à accepter le travail.

Dans ce contexte, comment procèdent certains patrons ?

L'employeur va devoir faire des sacrifices pas toujours heureux pour l'entreprise.

Il va, par exemple, devoir augmenter les salaires alors qu'il ne dispose pas de réelles ressources financières, ou prévoir des mois supplémentaires de paiement, ou prévoir des vacances un peu plus longues, etc.

En fait, il va devoir entreprendre tout un tas de mesures qui ne sont pas nécessaires à la bonne marche de l'entreprise, ni forcement juste pour son développement.

Il va devoir prévoir et anticiper des actions qui vont :

- ou motiver la personne
- ou dédramatiser l'environnement du travail, afin que la ou les personnes concernées acceptent de travailler.

Or, tout ceci n'aurait pas lieu si, avant tout, on faisait du travail un simple concept culturel, exactement comme autrefois on faisait de Dieu un concept culturel parce qu'il fallait être un bon chrétien pour être un bon élément social, un bon travailleur, un bon mari, une bonne épouse.

Bien entendu, ces propos aujourd'hui prosaïques, ne vont pas à l'encontre des actions sociales engagées et réclamées par les travailleurs épris de justices.

Néanmoins, il faut absolument éviter de retourner à ces dogmes d'un autre temps si l'on considère que l'homme doit rester libre pour participer, avec un total engagement, aux principes culturels qui fondent et maintiennent la survie de sa société.

Voilà pourquoi, dans le cas d'un refus intransigeant quant à un changement de comportement de la part de l'homme, la société ne pourra pas compter sur les valeurs qu'elle émet et sur lesquels elle s'amarre.

En effet, ces concepts, dans leur nature, reposent sur l'acceptation du plus grand nombre de gens à vivre ces principes que la société émet pour l'équilibre de son organisation.

Aussi, en cas de refus persistant à nier ces valeurs, on peut se dire trivialement, « bonjour » les sérieux troubles sociaux à venir...

Mais rebondissons sur le but du travail avec le point de vue de Mathilde, une jeune étudiante âgée de 21 ans à l'époque de son interview:

« *Le but du travail est de contribuer à l'épanouissement personnel de l'homme, en le confrontant à lui-même* ».

Effectivement, comme nous l'avons déjà abordé, le travail constitue, durant notre vie, ce terrain d'expériences privilégié qui nous met face à nous-même pour :

- Expérimenter la matière. Entendons par là, l'ensemble des outils que représentent les process industriels, les procédures administratives, les projets, les investissements, etc..., qu'il nous faut intégrer ou utiliser.

- Expérimenter la relation à l'autre et au monde, comme le management, la communication, la gestion des conflits, l'écoute, le refus, le pardon…

Ainsi, les points de friction ou d'achoppement que l'on rencontre au travail, sont d'excellents points de développement personnel qui nous obligent à nous remettre en cause, quelles que soient nos convictions ou nos principes.

Ils participent donc à notre évolution et à l'ouverture de notre champ de conscience, qui est la raison même de notre chemin terrestre.

Comme certains le prétendent, le vrai travail c'est aussi, et particulièrement, la construction de notre Soi, de notre Individualité, c'est-à-dire de notre « **Moi-Je** ».

Malheureusement, quand on ne participe pas à ce vrai travail sur soi en affrontant les aléas de la vie, nous avons l'impression de mener une vie plus facile parce que nous nous laissons emporter par nos idées et porter par nos émotions.

Mais ces idées, ces espoirs sont de l'ordre du mirage, car c'est un niveau de la vie où il n'existe pas de bonheur durable parce qu'il y aura toujours quelqu'un pour nous embêter, pour nous voler, pour nous battre, pour nous humilier, pour manifester l'injustice.

Pire encore, il y en aura toujours un informateur pour nous dire : eh bien, qu'il est laid ce bonhomme.

Et lorsque nous l'apprendrons, nous serons blessé car, aussi incroyable que cela puisse paraître…la personne laide était notre ami et nous y croyions… à sa beauté d'être, à notre amitié.

Acceptons donc cette idée sans « pleurer » et sans surprise : **il n'y a pas de confort, ni d'êtres parfaits dans la vie.**

Sitôt que nous recherchons un confort dans la vie où il n'y a pas trop d'effort à faire, d'emblée on peut considérer que nous sommes dans le danger de ne plus évoluer !

Pourquoi ? Parce que la vie est mouvement, bousculade, et parce ce que nous allons être manipulé, gesticulé par nos propres émotions devenues aveugles, du fait de nos propres pensées intellectuelles ignorantes que la pensée des autres recherchent des moutons, des adhérents sans cerveau voire des pervers s'incrustant dans leur sillage pour accomplir les basses œuvres.

Paradoxalement, être en vie et dans la vie est un vrai travail en soi et ce, au delà des contraintes, des souffrances et des injustices, mais oublier aussi des joies et espoirs que la vie suscite ! Tout ceci ne se fait pas seulement parce que l'on a à boire, à manger et à dormir ou, de crier un bon coup, parce que rien ne va plus dans la maison.

Être vivant, cela veut dire être une lucidité ! Ce n'est ni quelque chose de très compliqué, ni une attitude très abstraite, que nous ne sentons peut-être pas tout de suite, faute d'en avoir l'habitude et d'être un fabuleux observateur de soi-même.

Être lucide, c'est d'abord être dans son corps et, pourquoi pas, dans la conscience !

Sommes-nous dans notre corps en ce moment ? Par exemple, sommes-nous tassé sur nous-même ? Pourquoi cette question ? Parce que la lucidité ne peut pas avoir lieu dans un corps tordu où la colonne vertébrale se trouve toute tassée.

La respiration ne peut avoir lieu et les idées vont sans doute être brouillées puisque « *je suis avachi* » et que mon esprit va suivre cette position plutôt que d'être cette personne qui reçoit, qui analyse grâce à sa rectitude posturale naturelle.

QU'APPORTE LE TRAVAIL À L'HOMME ?

Tout d'abord, on peut se poser quelques questions :

Quelle est l'origine du travail ?

Répondre à ce banal sujet revient à mieux comprendre les enjeux qu'il sous tend.

Ainsi : Qui dit travail dit action.

Qui dit action dit transformation.

Qui dit transformation dit évolution.

Qui dit évolution dit changement de plan de conscience, changement de contexte, d'énergie, de vibration, d'objectif, etc, etc.

Historiquement, le travail remonte au moment même de cette immense déflagration originelle nommée Big Bang, où, du néant et du rien, il y a eu quelque chose de tangible.

« *Ce nulle part venu d'ailleurs* », a été la première transformation universelle au point de se dire avec les cosmologistes : « *Quel travail !* »

Puis, vînt l'homme... manger, survivre, procréer... quel autre travail pour ne pas dire quel autre vacarme ! Et là survient la première sanction de l'homme, suite à sa sortie du jardin d'Éden, aux dires de certaines traditions.

En effet, ne pas travailler pour se protéger, c'était déjà, pour l'époque, prendre le risque d'être mangé par un monstrueux animal.

Voilà schématiquement exposé la première sélection naturelle concernant l'évolution de l'humanité.

En effet, qui ne fait rien, n'a rien en retour.

Autrement dit, qui ne fait rien, s'expose à disparaître, soit physiquement, soit de la mémoire collective.

Propos choquants, certes ! Mais la vie est transformation permanente et perpétuelle.

Alors...où est le hiatus ? S'agirait-il de l'emploi de notre libre arbitre ? Cette capacité de décider librement et volontairement.

« *Je veux ou je n'veux pas ?!* » n'est pas sans nous rappeler une certaine chansonnette ? De fait, la balle est dans nos mains ... A nous de jouer, maintenant ou plus tard, sachant que les derniers venus peuvent se retrouver les premiers gagnants en fin de course !

Quels sont les apports concret du travail ?

Le travail permet de se nourrir matériellement et psychiquement.

Il permet aussi de gagner sa vie, de s'épanouir tant sur un plan professionnel que s'épanouir sur un plan personnel.

De plus, il contribue à dépasser ses problèmes, à s'individualiser et répondre aux nécessités de la vie.

Plus précisément, de nourrir ses désirs, ses envies, ses passions et nourrir ses émotions.

Tout cela pour vous dire qu'il alimente notre mental concret.

Dans le même ordre d'idées, boire et manger, c'est aussi restaurer ses énergies pour participer à la construction physiologique de l'homme.

Ainsi, quand on se nourrit, on donne du travail à son estomac qui obéit derechef en participant à la digestion.

Mâcher ses aliments revient à donner du travail à ses muscles masticateurs de la bouche.

En fait, l'homme donne constamment du travail à son corps, et pas le moindre, quand on sait qu'on mange n'importe quoi et à n'importe quel moment.

Et que dire des autres fonctions du corps que l'homme malmène par ses modes de vie ?

Quels sont les apports psychologiques du travail ?

Comme déjà vue, le travail est un terrain d'expériences qui nous met face à nous-même pour résoudre nos conflits internes et assurer notre développement « spirituel », indépendamment de nos croyances religieuses.

Voici un extrait ce que nous disait Hélène Caddy dans son livre « La petite voix ».

« *Notre attitude vis-à-vis du travail est décisive puisque notre pensée crée notre réalité comme l'affirment certains Maître de sagesse.*

Voilà pourquoi il ne faut pas chercher ce qui nous fait plaisir, mais d'accomplir nos tâches avec plaisir.

En fait, rien n'est pire que LES gens qui vaquent à leur poste de travail en étant grincheux, peu aimables et sans entrain.

Cette attitude est hautement préjudiciable pour eux et les autres.

Pourquoi ? Parce que une attitude négative vis-à-vis du travail est responsable que tant de gens soient malheureux, faibles ou malades ».

Nombre de gens pensent que les loisirs sont ce qui importe le plus, et c'est vrai pour la détente et le repos.

Mais, comme le soutiennent de nombreux chercheurs d'emploi, c'est le travail qui est le plus important dans la mesure ou il participe à la dignité et à la liberté de l'homme qui n'a pas à quémander quoi que ce soit, à qui que ce soit !

TRAVAIL ET SOCIÉTÉ

Sortons des entiers battus en rappelant les principes qui participent et maintiennent une société doivent faire la part belle à la culture que développe cette société : ses valeurs, ses principes d'action, ses arts et ses règles de droit pour n'en citer que quelques uns.

Pourquoi ? Parce que ces concepts reposent à leur tour sur l'acceptation et l'adhésion sincères des gens à l'ensemble de ces principes.

Une société qui n'entretient pas une certaine culture sociale ce qui est différent de la notion de moralité, vis-à-vis duquel l'homme reste libre et où l'homme peut préparer son degré d'acceptation, eh bien, cette société crée spontanément une génération de fainéants, de révoltés ou de réactionnaires.

Comment, des lors, juguler cette génération d'opposants ?

Effectivement, certains hommes n'aiment pas le travail parce qu'ils ne rêvent que de loisirs et de liberté d'action.

Cependant, si on les éduque suffisamment dès l'école ou pendant leur apprentissage puis qu'on les implique dans un projet d'entreprise ou qu'ils participent à l'évaluation de leurs performances, pour ne citer que quelques traits d'actions, eh bien, ces êtres arriveront à accepter un juste degré d'investissement d'eux-mêmes pour effectuer un certain travail, qu'ils feront calmement et dignement.

PARTIE 3 : REGARD SUR L'ENTREPRISE DU 21 SIÈCLE

MAIS ALORS... POURQUOI TANT DE CHÔMEURS ?

A cause de nos mauvaises pensées, de nos jugements arbitraires ou par l'obligation illusoire de croire tout devoir au patron lorsque l'on opte pour la position de vie : (- +).

Dans cette théorie, le signe (−) représente la dévalorisation que l'on s'octroie et qui souligne notre infériorité envers l'autre que l'on considère comme quelqu'un de supérieur (avec le signe +) pour ne pas dire notre sauveur.

En fait, ne cherchons pas systématiquement le négatif, sinon, au fil du temps, nous le découvrirons partout sur notre chemin.

Par contre, réjouissons-nous du beau et du positif, comme nous le recommande encore Hélène Caddy.

Par ailleurs et comme déjà énoncé, les Hindouistes nous affirment que chaque acte crée du Karma, c'est-à-dire que chaque action entraîne des conséquences plus ou moins heureuses ou fâcheuses selon la nature de l'événement auquel il nous faudra rendre compte à terme, dans le genre : « *qui sème le vent, récolte la tempête* ».

Pour éviter cette danse lugubre d'actions suivies de réactions, je vous propose d'offrir, par les techniques de visualisation, votre travail à l'univers pour ceux qui le ressentent, au cosmos pour d'autres ou au Dieu de votre conviction si vous êtes engagé religieusement.

Puis, ce programme étant déposé dans votre destinée d'entrepreneur, que les anciens Chinois appelaient la porte du mandat, zone qui se trouve au niveau des reins, eh bien je vous invite à imaginer c'est-à-dire dans votre mental, visualisez, tout simplement, que c'est désormais « la création » qui travaille à travers vous.

Dès lors, chaque activité vous sera plus facile à réaliser et ne vous liera plus intentionnellement au seul monde objectif et rationnel qui vous limite, parce que « la vie » prendra rapidement en charge les conséquences de vos actes.

Expérimentez deux ou trois fois cette démarche afin d'en apprécier les bénéfices.

Après, seulement, vous pourrez en vanter son efficacité ou généraliser son emploi.

PRONOSTIQUONS LES MISSIONS DE L'ENTREPRISE DE DEMAIN ?

Après avoir intégré les raisons de la vie, le rôle de la planète et le but du travail, je vous propose d'aborder l'une des raisons d'être des entreprises de demain car le monde change bigrement.

Commençons d'emblée par nous intéresser à ce qui pourrait être son organisation interne.

Par analogie, considérons pour l'exemple, que l'Entreprise voire l'État, fonctionnent sur le même modèle que le Corps Humain qui, lui-même, peut être comparé au fonctionnement de l'ancien Empire Chinois.

Cette similitude entre l'organisation d'un pays avec ses ministères et la classification fonctionnelle des organes du corps humain comparable à l'ordinogramme de l'entreprise, permet d'associer chaque organe du corps humain à une fonction définie et reconnue de l'organigramme.

Grâce à ce modèle, on comprend d'emblée le rôle fondamental que détient tout PDG dès lors qu'on l'associe symboliquement à une icône.

« Toucher à l'Empereur », nuire au PDG, s'opposer violement au Président, c'est mettre en danger immédiat la fonction qu'il occupe et, par voie de conséquence, l'Entreprise ou l'État qu'il représente ou dirige.

A partir de ce moment, il faut s'attendre à la perte des valeurs qui cimentaient les salariés ou les habitants du pays concerné dans leurs différences culturelles.

Il faut aussi comprendre qu'évincer le timonier qui tient la barre du navire, installe un chaos qui va perturber ou détruire l'Entreprise ou le Pays et ce, jusqu'à la manifestation d'un événement particulier qui redressera la ou les causes du désordre engendré.

Dans ce même schéma, la fonction de Directeur Général assure distinctement la mise en œuvre du pouvoir.

En effet, c'est le DG qui donne la tonalité de la politique générale, qu'il concrétise par une feuille de route accompagné d'un schéma directeur qui reprend l'esprit et les orientations définies par le Président.

L'absence ou l'insuffisance d'un DG peut nuire à l'atteinte des objectifs prescrits et « pourrir » la motivation des collaborateurs.

En politique, on considère le 1er ministre comme le fusible du président.

Mais que se passe-t-il dans notre modèle quand le poumon, qui s'apparente à la Direction Générale, est attaqué par la maladie ou l'opposition dans l'hémicycle du pouvoir ? Eh bien, c'est une affaire qui devient sérieusement grave, tout simplement.

Alors, qu'en est-il pour l'entreprise ?

Quitte à nous répéter, nous dirons qu'il en est de même pour le 1er ministre d'un état ou le DG d'une entreprise qui, emblématiquement correspond à la fonction biologique du Poumon.

L'altération de cette fonction de direction générale fait, que l'Entreprise, comme la Nation, perd son fil conducteur voire son leader pour sombrer naturellement dans la crise de confiance, dans la crise économique, la perte de visibilité stratégique et, quelques fois, dans l'agitation révolutionnaire.

Tous les organes et viscères participent, par leur correspondance, à une compréhension lucide des problèmes que peut rencontrer la « fonction administrative de l'organe », en cas de défauts, d'altération ou de déficience.

Par exemple, si la fonction de transformation n'est pas au top des attentes clients, nous savons par l'intestin grêle, son administrateur qui représente le ministre des mutations, que le problème peut être dû à un manque de coordination entre les diverses tâches et qu'il est probable qu'un des modes opératoires du processus industriel n'assure plus efficacement son rôle.

Pour pallier ce déficit, il conviendra d'effectuer un sérieux diagnostic avec l'aide de protocoles appropriés à chaque étape du processus opératoire.

Concluons en précisant que tous ces incidents participent au développement du discernement managérial, grâce aux connaissances et expériences qu'ils engendrent chez les acteurs concernés.

INTÉRÊT D'UN NOUVEAU REGARD SUR LES FONCTIONS DE L'ENTREPRISE

Je vous propose maintenant d'appréhender l'organisation structurelle de l'entreprise, par analogie avec la représentation du corps humain telle que le considère la Médecine traditionnelle Chinoise.

Bien sûr, selon la dimension de l'entreprise, certains organes pourront faire l'objet de juxtapositions organisationnelles.

L'objectif de cette démarche heuristique est de prendre conscience de l'importance qu'accordait l'empire chinois aux bons fonctionnements de ces structures vitales et à la nécessité d'harmoniser leurs fonctions.

Figure 4 : Schéma synoptique des correspondances entre les administrateurs et l'organigramme fonctionnel

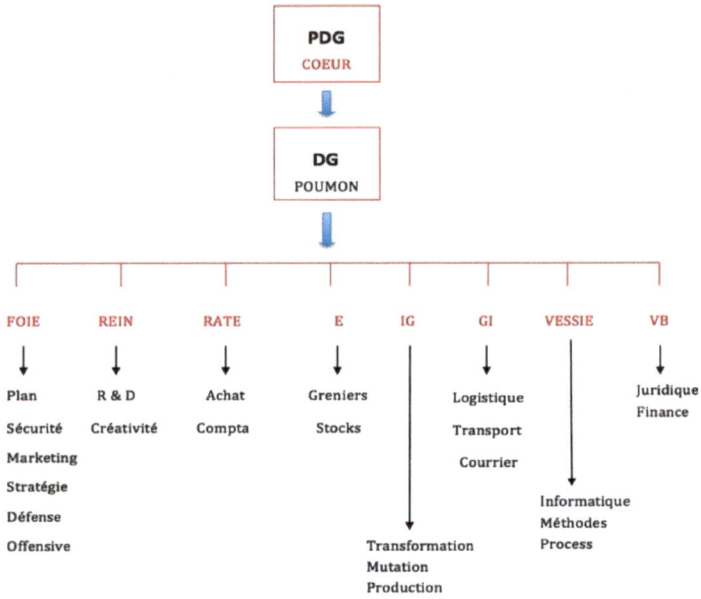

E > Estomac ; IG > Intestin Grêle ; GI > Gros Intestin ; VB > Vésicule Biliaire

Vision d'une autre organisation de l'entreprise

Abordons maintenant l'organisation générale de l'entreprise en relation avec les organes du corps humain.

Dans le tableau suivant, nous proposons :

- dans la colonne de droite le rôle d'un administrateur ministériel représenté par un organe ou un viscère qui correspond à un ministère structurel.

- dans la colonne de gauche la fonction symbolique, biologique et psychologique de l'organe ou viscère considéré.

Voici une proposition de synthèse qui devrait vous permettre de mieux comprendre, donc d'anticiper, les actions à mettre en œuvre pour remédier aux dérèglements observés dans les grandes fonctions ministérielles de l'administrateur.

Tableau 2 : Tableau comparatif des administrateurs et fonction des organes

RÔLE DE L'ADMINISTRATEUR	FONCTION DE L'ORGANE OU VISCÈRE
MINISTRE DU PLAN ET DE LA STRATÉGIE	**FOIE**
C'est aussi le général des armées chargé de la défense. C'est celui qui sait prévenir la bataille. Il est chargé de la prévision du plan et du devenir.	Reçoit et conserve le sang. Siège du courage et de la colère. Siège des mécanismes de défense du corps. *Son dérèglement induit :* • l'imprévoyance • l'épargne exagérée • des troubles de la prévision • des sujets qui attrapent tous les maux physiques ou psychiques.
MINISTRE DE LA DÉCISION	**VÉSICULE BILIAIRE**
C'est le juge, l'arbitre chargé de prendre les décisions en relation avec l'ordre établi.	Siège des mécanismes de digestion Physique et/ou Affective Toutes les décisions y prennent leurs sources. *Son dérèglement provoque :* • une attitude instable • une difficulté ou impossibilité de prendre des décisions.

DEUX MINISTRES DES GRENIERS	
a) L'un est chargé de la réception des graines	**a) ESTOMAC** Reçoit les aliments physiques et psychiques Son dérèglement provoque : • Difficulté à se concentrer • Mauvaise digestion des contraintes extérieures • Actions irréfléchies.
b) L'autre est chargé de son transport.	**b) RATE** Aide l'estomac à digérer et à assimiler. Chargée des transformations. *Son dérèglement provoque :* • Des lenteurs d'idées. • La rumination mentale jusqu'à l'obsession. • L'absence du plaisir à faire des cadeaux.

DEUX MINISTRES DES MUTATIONS Ces ministres gèrent les grandes mutations du pays	
Coordination des mutations	**a) INTESTIN GRÊLE** Chargé de tous les échanges et mutations. Mène à terme ce qui a été mis en route par les Ministres du grenier. Son dérèglement provoque : Quelques difficultés à terminer les tâches entreprises Mauvais discernement.
Transport de l'information	**b) GROS INTESTIN** - Chargé de transiter les produits de la digestion : - Chargé de la transmission - Chargé du cheminement des déchets. - Coordonne la transformation - Transmet les ordres. Son dérèglement provoque : • La confusion des idées

MINISTRE DE LA CRÉATION	REINS
C'est celui qui est chargé de faire progresser le pays ou l'entreprise dans tous les domaines grâce à l'innovation.	C'est la force et la puissance dans tous les domaines : c'est là qu'est déposé dans le corps, le mandat, l'ordre du monde *Son dérèglement induit :* • Faiblesse générale • Manque de volonté • L'influençabilité • Problèmes sur le plan de la création artistique, intellectuelle et physique.
MINISTRE DES PONTS ET CHAUSSÉES	**VESSIE**
Il est chargé de la division territoriale et de l'établissement des routes qui permettent tous les acheminements : • Transports routiers • Transport fluviaux.	Chargée de ramasser les eaux du corps et de les drainer. *Leurs dérèglements provoquent :* • un sujet complètement • désorganisé, incohérent et • instable. • un manque d'ordre certain.

Ce tableau démonstratif a mis en exergue les pathologies susceptibles d'être véhiculées par certains dérèglements énergétiques qui affectent dès lors les comportements de bon sens attendus de certains collaborateurs.

Les Médecines Traditionnelles Asiatiques issues de la Chine d'antan, de même que l'homéopathie, l'ostéopathie et autres disciplines énergétiques peuvent contribuer à remettre de l'ordre dans ces troubles.

Mais sortons un instant des sentiers battus avec ce poème inspiré lors d'une formation managériale.

Réflexion poétique

ENTREPRISE

Ô Entreprise, tu es la matrice de l'activité humaine.
En ton sein, grouillent hommes et femmes
Petits et grands, bons et méchants.
Et tout ce beau monde, court vers un même destin
Accomplissant ainsi leur dessein.

Certains ne travaillent que poussé par leur ventre
D'autres sont présents, au même titre qu'ils seraient absents
D'aucun, enfin, les a choisi pour le festin professionnel qu'offre (ton antre,)
Mais tous, finalement, participent à ton rythme
T'insufflant la vie de leur sang.

L'ENTREPRISE, COMME LIEU D'AFFRONTEMENT ET DE PROGRÈS

Au delà du simple constat qu'évoque ce poème, on est en droit de penser que l'entreprise est un lieu d'affrontement et de progrès pour l'individu en voie d'évolution.

De fait, l'entreprise offre ce terreau fertile dans lequel s'expriment des heurts avec d'autres hommes et des conflits d'intérêt dus à d'autres pratiques ou d'autres cultures.

L'entreprise peut être aussi une aire d'empoignades avec des collaborateurs, des syndicats ou tout autre aréopage d'individus qui refusent la vision de ses dirigeants, les objectifs du patron voire de sa sacro-sainte autorité.

Et ce, notamment, quand les salariés prennent leurs responsabilités en assumant consciemment leurs actes, grâce à leur individualisme naissant qui leur confère un certain désir d'autonomie et de prise en charge des problèmes.

Nonobstant, l'entreprise est aussi un lieu de progrès incontournable pour nombre d'humains qui doivent se dépasser ou même se surpasser, au delà de leurs limites naturelles, afin de répondre au mieux aux objectifs professionnels ou personnels que l'entreprise leur assigne.

Nous reviendrons ultérieurement sur les raisons qui motivent ces pratiques managériales.

Mais l'entreprise, c'est aussi un groupe d'hommes disparates de culture, de mobiles ou de croyances.

Les salariés ne se sont pas forcement choisis les uns les autres et ils doivent composer en permanence entre eux, pour pouvoir vivre en harmonie et unir leur forces afin de se préserver de tout danger.

Danger d'une agression, danger d'une perte d'emploi, danger de vivre un enfer, etc.

En cas de désaccord ou d'insuffisance de compromis, chacun risque de vivre une véritable guerre intestine qui peut lui laisser de lourds handicaps tant sur le plan affectif ou émotionnel, voire d'engendrer une altération gravissime de son plan biologique avec pour résultat une sévère dépression nerveuse, un cancer, ou tout autre maladie invalidante par exemple.

Enfin, l'entreprise est un lieu d'affrontement avec ses marchés, sa concurrence, ces règlements qui se télescopent et l'abondance des nouvelles technologies que ses hommes doivent absolument assimiler avant quelles ne soient rapidement désuètes.

QU'ATTEND L'ENTREPRISE DE SES COLLABORATEURS ?

Pour ce qui concerne ses collaborateurs, l'entreprise du futur attend d'eux qu'ils amènent des solutions tangibles dans un esprit gagnant/gagnant, face aux problèmes rencontrés, afin que chacun puisse y trouver son compte.

Elle ne peut se permettre d'avoir des collaborateurs qui créent de fâcheux événements, pleurent sur leur sort ou partent perdants dans les conquêtes qui sont le ressort même de sa pérennité et de son développement.

Convenons par ailleurs, qu'à la demande très justifiée d'une haute hiérarchie qui survole les problèmes de loin, un responsable ne peut pas tout expliquer voire tout justifier dans le détail, de toutes les mesures qu'il lui faut prendre dans l'urgence pour dénouer un grave problème.

Pourquoi ? Parce que ce responsable risque, parfois, de perdre autant de temps en énergie d'information que de s'investir à 100% dans les obstacles qu'il lui faut solutionner.

Cependant et sur ce point, c'est à chaque acteur de mettre au point voire de moduler son comportement de « reporting », au vue du degré de relation de confiance qu'il entretient avec son boss ou son coéquipier.

Bien sûr, pour l'homme qui ne dispose actuellement que de l'outil rationnel, cette approche sera aberrante, déroutante et même invraisemblable.

Mais les preuves objectives sont suffisamment nombreuses pour attester que les grandes vérités d'hier sont, aujourd'hui, devenues caduques.

Pour illustrer cette assertion, pensez à notre planète que les autorités compétentes d'une certaine époque considéraient comme le centre de l'univers; considérez aussi, comment les hommes de science raillaient la possibilité d'aller sur la lune ou de voler dans le ciel, rappelez-vous enfin de l'affirmation de l'existence de la génération spontanée, de la non-existence des bactéries et des virus, tout comme les particules qui nous composent.

Mais arrêtons-là cette liste infinie qui pourrait faire l'objet de plusieurs ouvrages démontrant que notre ouverture d'esprit est en relation avec le niveau de conscience que nous avons atteint dans le processus de notre échelle d'évolution

QU'ATTENDENT LES COLLABORATEURS DE L'ENTREPRISE ?

Dès lors que l'entreprise délègue judicieusement des responsabilités et une certaine autonomie à ses collaborateurs, elle rentre dans un processus de management que certains dénomment collaboratif.

Dès ce moment, où le salarié est décidé à expérimenter cette tranche de sa vie professionnelle qui concerne ses droits et ses devoirs, et cela même au prix du ridicule ou face au jugement des autres, hé bien, à partir de ce moment où il aime l'expérience, où il veut lire et vivre sa vie et toutes les informations en provenance de la vie, il délaisse derechef les freins engendrés par ses peurs relatives au jugement d'autrui.

Il peut alors se dire : « *Celui-ci, en me jugeant, se prive, lui-même, de cette expérience qui va lui permettre d'avancer et ce, même si c'est une mauvaise expérience.* »

COMMENT COMMUNIQUE LE COLLABORATEUR AVEC SON PATRON ?

Le but de cette sensibilisation est de comprendre les différentes stratégies de communication que mettent en place les collaborateurs et subordonnés pour construire ou renforcer leurs relations professionnelles avec leurs chefs, dans le cadre de l'entreprise française.

Mais pourquoi s'intéresser aux réactions et stratégies des subordonnés français à l'égard de leur chef ?

De fait, il a été observé que nombre de travailleurs oscillaient de la résignation amère voire de la soumission passive à la rébellion ouverte vis-à-vis de leurs supérieurs, selon la nature de la confiance accordée et du dialogue mis en place.

De même, leur conception des relations humaines pouvait être qualifiée de spontanéiste, c'est-à-dire que, pour nombre de collaborateurs, tout effort raisonné pour analyser et relativiser les styles de relations interpersonnelles, était vu par ceux-ci comme une froide manipulation.

Voilà pourquoi, il semble utile de prendre conscience de ces différentes attitudes possibles et d'adopter une démarche plus rationnelle sur l'utilisation de différentes stratégies possibles.

Présentation des styles de dialogue dans la relation au patron

Le modèle évoqué propose une description des stratégies utilisées par l'ensemble des protagonistes en milieu professionnel.

Il existe sept types d'attitudes stratégiques vis-à-vis de son chef, qui peuvent se caractériser par l'utilisation d'un style plus fréquent que d'autres selon la dimension de l'entreprise, sa branche d'activité, son type d'organisation, le niveau hiérarchique et les fonctions considérées.

Par exemple :

Le style « négociation » mis en place par certaines directions pour faire fonctionner un système d'entretien annuel de professionnalisation, a rencontré un certain nombre de résistances, aussi bien de la part des subordonnés que de leurs supérieurs.

Le style « négociation » montre bien qu'il touche, par les changements qu'il introduit dans les relations d'autorité, à des attitudes profondément ancrées dans la culture française:

Il oblige en effet le supérieur à abandonner sa distance autoritaire pour faire face à son subordonné en le rencontrant en tant que personne.

De même, il oblige le subordonné à abandonner son attitude sécurisante de soumission résignée pour examiner de façon critique ses performances dans son travail et regarder en face son évolution de carrière.

Pour ce qui concerne le « style de la confiance admirative ».

La formation aux relations humaines, prône souvent implicitement l'établissement de rapports de travail plus compréhensifs, plus ouverts et plus confiants, par exemple.

Bien que cela semble être un objectif souhaitable, ce n'est pas très réaliste ni très réalisable dans le contexte actuel de tension économique.

Voilà pourquoi qu'habituer les acteurs du jeu social à se faire face, pour négocier des aspects tangibles, nous semble à la fois plus réalisable dans un premier temps et moins illusoire que d'espérer les voir communier dans une « fraternité tribale » retrouvé.

Par ailleurs, il faut également noter que, dans la réalité, on n'observe presque jamais ces styles à l'état pur.

Par exemple, le style de négociation pourra être fréquemment mêlé au style de séduction ou au style de coopération/concertation.

Mais comment, le subordonné, choisit-il plus ou moins consciemment le style de subordination approprié à sa situation Pour cela nous devons considérer les éléments suivants : les forces propres au subordonné, les forces propres au supérieur, les forces propres à la situation et au problème posé.

Que de variables me direz-vous !

1. Considérons tout d'abord les forces propres au subordonné.

Sa personnalité et ses capacités de relations humaines vont avoir une incidence sur le style qu'il adoptera plus facilement.

Une personne dépendante et passive adoptera moins facilement un style actif.

Son âge, et par conséquent son expérience, seront des facteurs importants, de même que son sexe.

Enfin, son ambition, ses aspirations et sa stratégie de carrière dicteront le style qu'il adoptera.

Par expérience, nous avons constaté que c'est en fonction d'un éventuel projet de carrière que le salarié subordonné pourra choisir un style stratégique ou tactique plus approprié.

2. Poursuivons notre analyse en considérant que les forces propres du chef incluent, selon son âge et sa formation, sa tendance à se laisser influencer, son besoin de guider ses subordonnés, son style de leadership et ses orientations dominantes vers les tâches ou la productivité.

En fait, il peut aussi avoir besoin d'être admis par ses subordonnés, par peur d'être dépassé, dominé voire concurrencé dans l'usage de son propre style de dialogue par des salariés rebelles ou certains partenaires sociaux.

TYPOLOGIE DES SEPT PRINCIPAUX STYLES DE SUBORDINATION

STYLE 1 : LA REVENDICATION ET LA MISE EN ACCUSATION

C'est un style actif qui consiste à laisser exprimer sa frustration sur le mode des plaintes et des griefs à présenter, de l'accusation de son chef, en particulier, du reproche d'injustice et de favoritisme.

Généralement, c'est un dialogue de sourds où il n'y a aucune concession faite de part et d'autre et aucune solution constructive proposée, chacun restant sur ses positions.

La frustration, qui peut être soit permanente, soit occasionnelle, prend souvent racine dans le besoin inconscient d'être estimé, guidé, choisi par son chef.

STYLE 2 : LA SÉDUCTION / PERSUASION

C'est également un style actif qui consiste à manœuvrer de telle sorte à se faire accepter par son chef, à se « vendre » à lui, et à l'utiliser pour progresser dans l'entreprise.

Les manuels de « relations publiques » ne manquent pas de démontrer comment influencer autrui et particulièrement son chef.

STYLE 3 : LA SOUMISSION PASSIVE

C'est un style passif qui consiste à obéir mécaniquement, sans poser de questions comme c'est, malheureusement, souvent le cas.

Ce style peut être teinté également, à la fois de résignation passive et d'agressivité contenue, témoignant d'une attitude ambiguë vis-à-vis de l'autorité.

STYLE 4 : LA CONFIANCE ADMIRATIVE

C'est une attitude active qui consiste à faire confiance à son chef, à s'en remettre à lui pour le travail, pour son avancement et son propre intérêt, à ne jamais mettre en doute ce qu'il peut dire, à lui faire des confidences.

C'est croire que l'intérêt de son chef coïncide toujours avec le sien propre et qu'il est le mieux placé pour vous défendre.

Cette stratégie prend également racine, comme pour le style no 1 dont elle est le pôle opposé, dans un besoin affectif fort d'identification au chef.

STYLE 5 : LA NÉGOCIATION

C'est une attitude active qui consiste à faire passer les demandes diverses qu'on peut avoir à formuler à son chef de façon progressive, en demandant des explications, des garanties, en faisant des propositions concrètes, en essayant d'établir un accord sur certaines bases, en s'entendant sur une marche à suivre et en tentant de faire valoir au mieux ses atouts.

Dans ce style, des désaccords et des insatisfactions pourront être exprimés, quelquefois vivement, mais ils le seront, non sur un mode de contre dépendance impuissante, mais dans une confrontation active.

STYLE 6 : LA COOPÉRATION / CONCERTATION

C'est une stratégie existant en particulier dans certains secteurs de l'entreprise ayant expérimenté une décentralisation (avec responsabilisation plus grande de certains échelons) et une organisation du travail par groupes autonomes ou semi-autonomes.

C'est une stratégie différente de la négociation: la négociation résulte de la confrontation d'objectifs individuels pour trouver un plus petit commun dénominateur, alors que la coopération suppose un accord obtenu sur un objectif de groupe commun qui dépasse chacun des partenaires (au niveau du service, au niveau de l'entreprise ou au niveau de la société !)

STYLE 7 : LE RAPPORT DE FORCE

C'est le dernier style qui consiste à faire pression sur son chef par la force.

Les moyens de pressions utilisés -légaux ou non - peuvent être, par exemple: l'intimidation et la menace physique; la création d'une coalition collective des employés contre le chef; le recours aux supérieurs hiérarchiques du chef; le recours aux délégués du personnel ;

L'atteinte morale à sa réputation par la circulation de calomnies à son sujet; le recours à un « ombudsman » comme cela se fait dans certaines grandes entreprises américaines, etc.

Chacun de ces styles peuvent nécessiter des stratégies s'appuyant naturellement sur des éléments concernant à la fois le contenu des tâches (ex : proposition de modification sur une machine) ou les intérêts personnels du collaborateur (ex : salaire, promotion, etc).

Dans ce cadre là, c'est à chacun d'adopter le style le plus approprié à son intention de dialogue et de vivre la relation avec une certaine flexibilité.

Le chef, lui, doit aussi s'adapter au contexte situationnel sans à- priori sur le style de dialogue à mettre en œuvre.

QU'APPORTENT LES EXPÉRIENCES DE LA VIE A L'HOMME ?

Qu'est-ce que l'expérience ?

- Expérience signifie approfondissement des convictions personnelles immédiates.

- Éventuellement, remise en cause de ses convictions grâce à la construction de repères forts vérifiés par les faits.

- Élaboration d'un jugement solide reposant sur une liberté intérieure.

Rôle de l'expérience

Par l'expérience, l'homme imprime de nouvelles énergies en lui et se réveille ainsi à d'autres dimensions de la vie.

Les expériences de la vie stimulent l'individu pour qu'il passe d'une faculté ou d'une aptitude bien acquise, à une autre qu'il va devoir développer.

Ainsi, il découvre des tendances et expressions qu'il ne soupçonnait pas, ou il en fabrique de nouvelles alors qu'il n'en était pas capable avant cette nouvelle expérience.

Cette richesse lui est donnée parce qu'il trempe dans l'exploration et l'exploitation de la vie qu'il ne peut acquérir ou découvrir dans les livres ou autres événements de nature statique comme l'instruction.

Pour se faire, il dispose du bon sens voire de l'intuition qui est aussi le moyen intelligent pour aller à fond dans l'expérience et ainsi mieux choisir les actions les plus constructives pour majorer son développement personnel.

Mais attention, rappelons-nous que l'excès de bon sens, peut devenir l'éteignoir du développement, lorsqu'il devient le cercueil de la conscience.

Aussi, soyons un peu plus fous dans nos actions, mais sans devenir insensé.

COMMENT DONNER DU SENS À SA VIE GRÂCE À SON ENTREPRISE ?

Pourquoi expérimenter la vie avec cet imbroglio de péripéties ? Parce que les mauvaises expériences édifient d'avantage l'homme que les bonnes expériences dans la mesure où elles montrent un espace, une situation que l'individu ne connaissait pas ou une limite qu'il transportait malgré lui et qui en faisait sa prison mentale.

Voilà pourquoi il est bon de se lancer dans toutes sortes d'expériences, présentant des vécus complémentaires qui peuvent paraître un peu fous.

Cette mise en œuvre est un bénéfice bien plus grand que si l'on avait choisi quelques « sagesses molles » qui n'aident en l'individu que son bon sens général et non son évolution.

Pourquoi ? Parce que, comme nous l'avons déjà souligné précédemment, les hommes ont toujours recours à leur bon sens pour freiner l'expérience : « *Mais cela ne se fait pas... Ceci ne se fait plus... Ceci ne se fait pas encore... Ce n'est pas raisonnable, ce n'est pas bien séant, et puis tu seras ridicule, et puis tu vas y perdre de ceci, de cela...* ».

À QUELLES MUTATIONS SE CONFRONTE L'ENTREPRISE ?

Comme nous l'avons déjà vu, l'entreprise d'aujourd'hui subit de nombreuses mutations dues :

- aux progrès technologiques,
- aux nouvelles exigences économiques (locales et/ou internationales) qui se manifestent :
  - par une nécessité accrue de rentabilité
  - par l'internationalisation de la concurrence
  - par des mesures législatives protectrices propre à chaque état
  - par des actions politiques menées par les différents groupes de pression
  - par les clivages que génèrent toutes convictions ou appartenance à une quelconque idéologie, politique, religion ou système de croyance.
  - à des choix politiques peu clairs ou trop sur le court terme

Ainsi, depuis plusieurs années maintenant, des difficultés de tout ordre n'ont cessé de perturber toutes les prévisions de croissance, de rentabilité, de monopole, etc.

Les valeurs ou repères d'hier n'ont plus cours aujourd'hui face aux exigences des marchés et des spéculations en tous genres.

D'aucun se pose même la question de savoir où mènera cette course effrénée à la surproductivité, à la surconsommation et à certaines rentabilités outrancières, vécues comme indécentes par les plus indigents.

Cependant, si on persiste à vivre dans l'action et l'attitude juste, tout se remettra progressivement en place, car c'est dans la persistance et la persévérance qu'on peut bâtir une Entreprise où il fait bon vivre.

Il en est de même pour un État.

S'en tenir à cette pratique, fondée sur l'éthique, pour agir au sein de votre entreprise, vous permettra d'influencer son devenir, son image et ses performances.

COMMENT GÉRER AUX MIEUX CES MÉTAMORPHOSES DE L'ENTREPRISE ?

Voyons maintenant comment appréhender et minimiser les désagréments de ces mutations subies, celles qui bousculent tant nos aspirations et objectifs du moment ?

Pour ce faire, il convient d'adopter :

des lignes de conduites décisionnelles claires et flexibles pour s'adapter aux événements qui entravent plus ou moins violemment les actions et démarches de l'entreprise.

Car, faute de mesures adaptées, les conséquences seront préjudiciables pour le devenir de l'entreprise une véritable écoute de la situation et de ses acteurs afin d'affiner le désir sincère d'apporter une solution gagnant/gagnant incluant l'ensemble des protagonistes concernés par le sujet.

L'objectif étant que chacun tire au mieux son épingle du jeu, de cette confusion de mouvements financiers, économiques et sociétal, plus ou moins contrôlables par les outils usuels d'un état d'esprit de partage des richesses de la planète allié à la volonté d'aider les plus faibles.

Une fois ces actions mis en œuvre, on peut se poser la question suivante…

PARTIE 4 : QUEL AVENIR POUR LE SALARIÉ ?

QUEL FUTUR ATTEND LE SALARIE DU 3ᴱ MILLÉNAIRE ?

Cette vision peut se décliner en sept idées directrices.

1. L'entreprise est au service de ses clients et de l'homme ! Mais pour ce faire, l'homme a le devoir d'être pleinement responsable de ses actes et, qui plus est, de donner le meilleur de lui-même dans les tâches qui lui incombent de réaliser au sein de son Entreprise.

2. L'entreprise de demain forge son devenir dès aujourd'hui grâce :

    a) A son projet d'Entreprise partagé avec ses salariés.

    b) On peut, par exemple, organiser des cercles d'échanges...

    c) A l'optimisation de toutes ses ressources : humaines et technologiques

    d) Aux produits de qualité conçu pour le service du public et de ses clients

3. Le manager de demain aura une démarche éthique et managériale de progrès, qui donnera du sens à ses actions professionnelles et à celles de ses collaborateurs.

4. Le manager de demain saura utiliser et adapter les technologies de communication et de management, selon les besoins suscités par son environnement.

5. Les ouvriers, employés, agents de maîtrise et les cadres de demain seront des hommes conscients

de la nécessité de se réaliser sur les plans personnel et professionnel, tout en acceptant leurs faiblesses et leurs erreurs, afin de les inviter à les transcender.

6. On reconnaîtra l'homme réalisé au fait qu'il se met spontanément au service de l'entreprise à laquelle il appartient, car celle-ci lui offre un terrain privilégié pour son évolution et son épanouissement.

7. Enfin, si nous revendiquons que l'homme est sur terre pour faire évoluer sa conscience et expérimenter les différents aspects de la vie, force est de remarquer que ce bouleversement au sein de l'entreprise occidentale se manifeste d'ores-et-déjà.

Dans ce contexte, les impondérables et les épreuves que lui offre son champ professionnel, permettent au salarié de découvrir et d'explorer les événements qui vont élargir son niveau de conscience et, par là-même, contribuer à son évolution forcée comme nous l'avons déjà évoqué ultérieurement.

QUEL RÔLE JOUE NOTRE SOCIÉTÉ POUR SATISFAIRE LE SALARIE ?

Pour aller à l'essentiel, je vous propose de considérer que la société n'est qu'une sorte d'alliance que les hommes entretiennent entre eux.

C'est ainsi que le regard que l'homme porte sur la société lui permet de comprendre le contexte dans lequel l'individu s'active.

Par ailleurs, lorsque les hommes comprennent et acceptent les règles et leur mise en œuvre, ils contribuent à favoriser une certaine prise de conscience sociétale qui, de proche en proche, influence l'ensemble de la population.

Notamment, sur la nécessité d'avoir une organisation étatique qui réponde aux attentes des hommes, aux besoins des entreprises et aux demandes des associations.

Par exemple, faites le bilan des acquis accordés et vous comprendrez aisément le pourquoi des propos que nous allons développer.

Effectivement, cette prise de conscience des lacunes délibérées et de l'injustice qui s'en suit, permet de comprendre pourquoi l'homme moderne subit différentes épreuves karmiques, suite aux différents abus qu'il a fait subir à son environnement physique ou humain.

Cela étant dit, une société ne doit pas nécessairement retourner à l'état de la nature primitive.

Une société peut-être poussée très loin techniquement, très loin dans tous ce qui est électronique, informatique et scientifique sans, pour autant, être une société artificielle comme elle se présente à l'heure actuelle, du fait de ses excès matérialistes excluant les autres apports que nous proposent d'autres disciplines non conventionnelles.

Pourquoi ? Parce que tout a sa raison d'être, connu ou inconnu.

En fait, aujourd'hui, la société occidentale n'a pas encore acquis tout le respect de l'environnement qu'elle devrait dédier à la nature, ni suffisamment d'esprit d'ouverture que nécessite la démarche scientifique dans sa contribution à l'évolution de l'humanité.

Pourquoi cette attitude de fermeture ?

Parce que la science n'en n'est qu'à ses premiers pas.

Voilà revisitée, dans ses grandes lignes, la grande transition que poursuit de nos jours la société occidentale.

Rappelons tout d'abord, que les technologies apportent obligatoirement l'édification d'un système social, indépendamment du stade de développement de humanité, tant au niveau de son développement cérébral que de sa spiritualité.

Pourquoi un tel constat de transition ?

Parce que, dès qu'il y a production, dès qu'il y a invention de quelque chose, d'un produit quel qu'il soit, il y a automatiquement une production de cette découverte dans notre sphère occidentale.

Par conséquent, s'il y a production, il faut qu'il y ait acheteurs et consommateurs.

Ainsi, toute une infrastructure se met en place et donne lieu à l'édification d'un système appelé société.

Or, l'édification de ce système est une phase primordiale pour le renouveau de la civilisation.

POURQUOI VIVRE EN SOCIÉTÉ DEVIENT UNE ÉPREUVE CONSTRUCTIVE ?

Il faut que les principes qui participent et maintiennent une société doivent faire la part belle à la culture de la société, sinon la société ne pourra pas compter sur les valeurs conceptuelles qu'elle émet et sur lesquelles elle se repose.

En effet, ces concepts reposent à leur tour sur l'acceptation et l'adhésion sincères des gens.

Or, vivre en société est une grande épreuve pour celles ou ceux qui ont une forte personnalité voire une envie plus ou moins consciente d'être dominant ou rebelle face aux hommes avec qui ils entrent en relation et ce, tant sur le plan personnel que professionnel.

Certains cadres ou dirigeants, par exemple, se comportent en tyrans de la vérité.

Ils savent tout, connaissent tout de tout, veulent tout contrôler et exigent que le monde tourne comme ils le souhaitent.

Voilà pourquoi vivre en société devient vite une épreuve pour ces êtres qui manquent de confiance en eux, pour ceux qui se cachent derrière leur gentillesse, leur mépris du conflit et toutes autres attitudes velléitaires.

Surmonter ces épreuves de la vie sociale implique d'affronter ces aléas pour découvrir et connaître les aspects cachés de leur personnalité qui ne demande qu'à expérimenter la vie, découvrir d'ultimes vérités qui éveillent et développent leur niveau de conscience et donne ainsi du sens à leur vie et à leurs actes.

Par ailleurs, par les erreurs commises, par ces terribles afflictions, malheurs ou injustices rencontrées, l'homme, le salarié, le collaborateur, le cadre, le patron lui-même, expérimentent une tranche de vie qui leur ouvre d'autres dimensions qu'ils ne soupçonnaient pas, en dehors du matérialisme.

Ils rentrent ainsi et ce, parfois malgré eux, dans un univers qu'ils pouvaient ignorer, rejeter ou violemment bafouer comme nous l'avons déjà évoqué par ailleurs.

Aussi, avoir conscience de l'évolution du monde, c'est se sentir responsable de ce que l'on pense, de ce que l'on dit ou de ce que nous faisons.

Et, de ce fait, on peut décider de travailler pour le bien être de notre humanité.

Dès lors, travailler à l'édification de ce monde, permet de ne plus avoir peur, parce qu'on devient conscient de toutes les énergies qui fondent le nouveau monde, grâce notamment à tout ce réseau fantastiques d'énergies, qui se met naturellement en place pour former le nouvel Homme.

COMMENT VIVRE LE CONCEPT DE LIBERTÉ EN SOCIÉTÉ ?

Pour répondre à cette question, il faut d'abord éliminer la notion même de liberté, car c'est un concept qui est faux dans sa manifestation et dans l'usage que l'on en fait.

Bien sûr, chacun dispose de la possibilité du choix : celui de rester dans ses limites ou bien de faire l'effort de discernement, de maturité et d'entrer ainsi dans un autre état de conscience.

Mais ce n'est pas la liberté ! C'est simplement la capacité de faire un choix.

En fait, ce n'est rien qu'un simple processus intellectuel.

Cependant, est-ce qu'il y a de la liberté à rester dans ses limites ? Bien sûr, on peut considérer que c'est notre liberté de manger du saucisson à l'ail le samedi soir et d'avoir de gros boutons le lundi matin.

Nous pouvons trouver cela très intéressant parce que nous le décidons.

Nonobstant, le lundi matin, alors que nous voulons plaire à notre fiancée ou votre fiancé, les boutons que nous avons sur le bout de notre nez vont nous embêter énormément et que peut-être, cela va même empêcher notre ou votre bien aimée de rester plus longtemps avec vous.

Par exemple, pour une femme, il ne voit que ce bouton sur son nez.

Il ne voit pas sa lumière.

Il ne voit pas sa générosité et les efforts qu'elle fait.

Il ne voit que ses boutons : l'acné !

Et comme chacun a besoin d'admirer son aimée... Alors... l'acné, pensez donc !

C'est quelque chose qui refroidit tout de suite l'amour et c'est normal dans le monde des hommes.

Alors.

Est-ce une si grande liberté que cela que de manger son saucisson à l'ail le samedi soir, puisque le lundi matin nous perdons notre fiancée et que nous nous retrouvons seul ? Ne parlons pas des grosses dépenses que nous faisons ensuite pour aller brûler des cierges à l'église afin que, là-haut, on nous en retrouve une autre.

Et voilà le cercle infernal qui se met en place. Après tout cela on se plaint à Dieu ou à la vie.
Pourquoi l'amour est si compliqué ? Pourquoi l'amour est si difficile ? Pourquoi est-ce que les femmes sont si superficielles ? Pourquoi est-ce que les hommes sont si physiques, hein ? Qui plus est, on prend le bon Dieu ou le ciel pour une agence matrimoniale et on lui demande : « *envoie-moi un amour* », et puis on passe même carrément la commande :
« *Décide Pierre à m'aimer ! Décide Françoise à me désirer !* » Comme si les Maîtres de sagesse pouvaient, comme s'ils avaient le droit de programmer les hommes pour qu'ils vivent ce dont ils ont envie.

Et il en est de même pour l'entreprise qui demande à la vie :
« *donnez-moi du CA, de la marge, le collaborateur exceptionnel...* »

Donc, à la suite d'une liberté frivole que nous prenons, voilà une multitude de problèmes qui, en cascade, arrivent, et qui, en cascade, grossissent aussi.

Ce qui fait que nous partons le samedi soir avec le saucisson à l'ail, et tout cela, pour aboutir au bout de l'année avec un gros chagrin d'amour, une grande confusion métaphysique.

Ce qui fait que nous ne comprenons toujours pas pourquoi le destin ou les sages, rendent la vie si difficile ou pourquoi ils ne l'ont pas prévue pour être plus agréable.

Voilà donc comment une petite envie du samedi soir, un simple événement de la vie provoque une grande confusion métaphysique au bout de quelques mois avec en prime une déprime qui s'installe.

Comme nous sommes dépressif, nous n'avons pas l'esprit aussi vivant et alerte.

Alors voilà qu'au travail, nous n'arrivons pas à prendre les bonnes décisions.

Et voilà que nous n'arrivons pas à gravir les échelons et que nous restons petit employé ou petit chef d'entreprise et que tout cela nous pèse.

Ou voilà que nous déplaisons à notre employeur et que nous faisons partie de ceux qu'on licencie.

Ou voilà que nous assombrissions tellement notre aura que nous n'arrivons plus à plaire à qui que ce soit, y compris à notre banquier et que nous passons notre vie tout seul ou toute seule et sans soutien.

COMMENT SORTIR DU CERCLE INFERNAL DE LA FAUSSE LIBERTÉ ?

Commencez par comprendre quelle est votre véritable liberté et reconsidérez un tout petit peu votre saucisson à l'ail du samedi soir pour l'état d'esprit qu'il représente .

Regardez le mécanisme.

Bien sûr, si vous n'avez pas de boutons le lundi matin, eh bien mangez, buvez et faites ce que vous voulez.

Mais si vous voyez qu'en commettant un acte, en vibrant d'une certaine émotion ou en émettant une certaine pensée, si vous voyez par observation que cela déclenche une multitude de catastrophes, alors acceptez de laisser tomber une de ces fausses libertés.

Ne vous détruisez pas vous-même à ce point.

La liberté est quelque chose que l'on revendique tant que l'on est profondément seul, tant que l'on n'arrive pas à une véritable communication avec les autres, tant que le cœur est sec et tant que l'on est suffisamment plongé dans l'ignorance ou que l'on n'arrive pas à ressentir le frémissement des étoiles par exemple, ou le passage d'un ange pour ne pas dire la présence d'un Maître pendant une méditation.

Alors forcément, comme vous vous sentez très seul et si sec, eh bien vous réclamez votre dû.

Voilà l'effet très matérialiste d'une conscience qui n'a pas abouti à une communion avec soi-même.

Maintenant, imaginez que vous acceptez de reconsidérer votre notion de liberté.

Je ne me permets pas de vous dire que, pour réévaluer vos libertés, il va vous falloir penser discipline dans le genre : *« je ne mange plus de saucisson à l'ail ou je ne fume pas, je ne bois pas, je ne deviens pas sexuel ; ou encore : j'essaie de prier, de méditer, d'élever ma pensée, etc »*

Non, rien de ceci n'est à mettre en œuvre !

Je ne vous dis pas que l'opposé c'est une discipline.

Bien au contraire, je vous propose, d'aboutir à la véritable liberté en considérant celle-ci, dans votre cœur, comme étant un état d'être tout simplement, et non pas comme la possibilité d'agir et de penser avec folie, égoïsme et destruction.

« *La liberté que l'homme recherche est un état d'être.* »

Illustrons notre propos par cette par cette envolée lyrique :

« Je ne suis plus soumis à l'ignorance, donc je suis libre.
Libre de « vibrer » exactement et absolument avec la fleur de mon jardin qui, jusqu'alors, m'était inconnue.
J'allais donc boire de la bière parce qu'il m'était impossible de rester aussi seul et aussi sec.
En fait, il me fallait des substances qui, coûte que coûte m'excitaient, afin de me donner un semblant de bonheur. »
« Or soudain, je peux ressentir l'influence d'une étoile rien qu'en la regardant.
Subitement, je ressens la présence de l'arbre, la présence de mon amie fidèle, que je n'avais jamais rencontré en fait et en vérité jusqu'alors.
Et promptement, je prends contact avec moi-même, absolument, entièrement, je ne suis plus mon propre étranger.
Je deviens l'endroit où le bonheur s'épanouit dès que ne suis plus dans le processus de destruction ou d'autodestruction. »

La lecture que ces énoncés nous évoquent ne nous permet pas d'imaginer, même par abstraction, ce qu'est le bonheur.

Nous ne pouvons pas conceptualiser le bonheur dont nous parlent les sages, parce que certains processus de destruction sont encore en cours à l'intérieur de nous ! C'est-à-dire que nous ne pouvons pas imaginer que ce bonheur soit atteignable par la liberté que nous offre cet instant de plénitude, même si nous n'en n'avons pas encore conscience.

PARTIE 5 : MOTIVATION, EFFICIENCE ET NIVEAU DE CONSCIENCE

POURQUOI ÉVOQUER LA CONSCIENCE DE L'HOMME ?

La conscience est un endroit où il n'y a que de la conscience, c'est-à-dire un état de regard sur soi et le monde.

Cet état de méditation peut être considéré comme un processus de contemplation intérieure de la vie.

Par ailleurs, quelques physiciens ont démontré que la conscience trouve sa source dans l'état de vide de l'univers, définit comme le néant.

Certains auteurs l'appellent la matière noire de l'univers.

Autrement dit, on peut assimiler la conscience à de la pure énergie.

En fait, lorsque l'on médite, il semblerait qu'on rentre en relation intime avec cette substance noire porteuse de « mille » informations.

QUELLES SONT LES CONDITIONS DE MANIFESTATION DE LA CONSCIENCE ?

Pour que cette conscience existe, il lui faut adjoindre ce qu'on appelle le **feu de la conscience**.

C'est ce feu qui permet l'existence de la conscience.

Ainsi, à l'intérieur de chaque particule de la conscience se trouve logé le feu de la conscience, qu'on peut considérer comme l'électricité de la conscience Ce feu représente le potentiel vibratoire de la conscience.

Sans ce potentiel vibratoire, il n'y a pas de conscience.

Ce potentiel prend sa source dans l'espace énergétique qui se manifeste à l'intérieur même de sa particule, à l'instar des protons atomiques.

Figure 5 : Représentation du feu de la conscience

L'ÉNERGIE DE LA PARTICULE DE CONSCIENCE

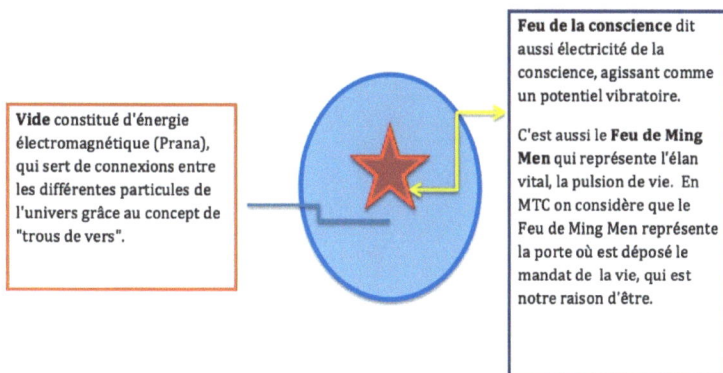

Vide constitué d'énergie électromagnétique (Prana), qui sert de connexions entre les différentes particules de l'univers grâce au concept de "trous de vers".

Feu de la conscience dit aussi électricité de la conscience, agissant comme un potentiel vibratoire.

C'est aussi le **Feu de Ming Men** qui représente l'élan vital, la pulsion de vie. En MTC on considère que le Feu de Ming Men représente la porte où est déposé le mandat de la vie, qui est notre raison d'être.

Quelle est la nature de l'énergie ?

Une énergie est toujours une conscience, et lorsque vous travaillez avec une énergie, c'est-à-dire une vibration, vous travaillez avec un des éléments constituant la substance d'une conscience qui s'est cristallisée dans cette forme-là et à ce niveau-là pour intégrer cette tranche de vie, comme nous le verrons ci-après dans la pyramide évolutive des plans de conscience.

LES DIFFÉRENTS PLANS DE CONSCIENCE

Plus l'homme monte de plan, comme dans une échelle, plus il rencontre les pouvoirs créateurs de l'échelon atteint.

C'est ainsi qu'il développe le plan mental concret puis abstrait en s'élevant et découvre ainsi les mathématiques, la science et ses propres principes créateurs.

Dans cette démarche, il perd son pouvoir lié aux plans initiaux, mais entrevoit l'esprit qui lui permet d'acquérir les pouvoirs du plan mental.

Parce que la société change, les mentalités évoluent : le savoir est plus large car les hommes ont changé.

CONCEPT DE BASE DES PLANS DE CONSCIENCE

« *Chacun d'entre nous a atteint un certain niveau d'évolution qui correspond à son degré de conscience* »

C'est une phrase clé qui en dit long sur l'incertitude du temps nécessaire à l'évolution de l'homme, que celui-ci se donne pour assurer ses mutations vers la conscience universelle dite aussi « sidérale ».

Ainsi, à chaque niveau de conscience correspond : des clichés, des croyances, des préjugés, etc... qui déterminent et orientent les comportements de l'ensemble des individus mobilisés à ce niveau.

C'est-à-dire, un certain état d'esprit envers l'ouverture au monde, comme la tolérance, l'intelligence concrète ou l'esprit de recherche pour n'en citer que quelques-uns.

Les aspects positifs, que l'on peut comparer à la lumière, sont aussi importants que les zones d'ombre.

L'homme se doit de tout connaître par l'expérience.

C'est le fameux Yin et Yang de la philosophie chinoise, représenté par le symbole :

COMMENT ÉVOLUENT LES NIVEAUX DE CONSCIENCE ?

Plus le niveau de conscience est bas, plus il faut de règles de morale et des contrôles de l'activité pour canaliser les énergies de l'individu vers un travail qui contribuera à son évolution.

Quand on évolue, on quitte un plan de conscience donné, qui était la nécessité d'un moment, pour perdre les facultés et le pouvoir de ce plan là avec la conscience liée à ce plan.

Il en est de même lorsque l'on est promu au sein de son entreprise où l'on perd les acquis, les expériences et le savoir relatif à l'ancienne fonction attribuée pour aller explorer et construire dans sa nouvelle mission, un nouveau domaine vierge de toute empreinte organisationnelle et expérientielle.

COMMENT DÉVELOPPER SA CONSCIENCE ?

Tout d'abord, il convient de vouloir mettre de la conscience en toute chose.

Pour se faire, il faut agir en toute lucidité et adhérer à certains processus comme :

1. l'acte même de l'observation, de l'écoute

2. une démarche juste, vis-à-vis du détachement

3. des pratiques spirituelles telles : la méditation, la prière, la louange

4. le service, qui permet de renforcer toutes les autres qualités, le chemin.

Mais le mieux pour développer sa conscience, c'est d'avoir envie d'être au service de l'humanité comme servir autour de nous avec tout notre cœur, trouver chaque jour des occasions de servir les autres, l'entreprise, la famille, etc.

En fait, quand nous servons, nous mettons notre personnalité en résonance avec notre âme.

Donc avec notre conscience.

Et, comme on ne peut servir sans soutien matériel, dès que nous formulons une intention claire de service, le carburant énergétique nous est donné depuis les plans subtils.

Dès lors, en passant et en repassant à travers nous, cette énergie de service va nous purifier.

Figure 6 : Schéma représentatif du parcours
de la conscience

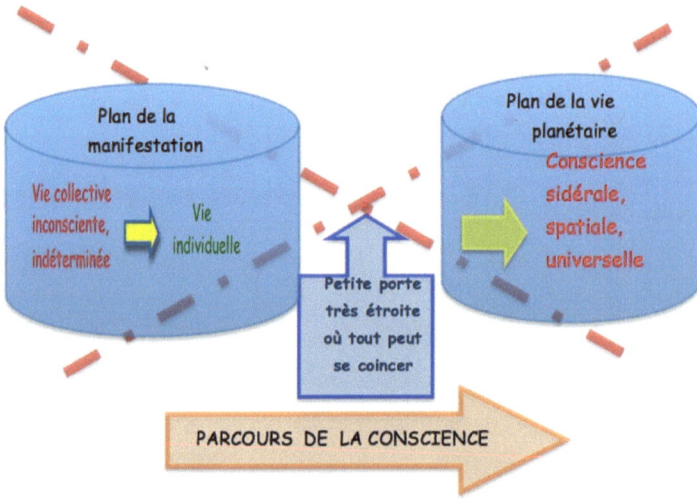

Résumons-nous.

A partir de ce schéma représentatif du parcours de la conscience, on peut redire, que l'homme est une conscience qui va d'une vie collective, relativement inconsciente et indéterminée, à une vie individuelle où tous les pièges de la vanité ou de la peur peuvent exister et donc nous « coincer ».

Enfin, l'homme termine son parcours dans une vie dite planétaire où sa conscience devient sidérale et spatiale, c'est-à-dire universelle.

C'est ainsi que l'homme va du « collectif » à « l'individuel » et de « l'individuel » à « l'universel ».

Dans ce concept, évoluer signifie donc quitter un plan de conscience donné pour accéder à un autre plan vibratoire supérieur.

Rappelons-nous, plus le niveau de conscience est bas, plus il faut de règles de morale et des contrôles de l'activité pour canaliser les énergies de l'individu vers un travail qui contribuera à son évolution et au bien commun, indépendamment du statut qu'il lui est attribué.

L'ÉVOLUTION DES CHAKRAS AU REGARD DE LA CONSCIENCE

Définition du mot Chakra

Chakra signifie « roue » en sanskrit.

Ces « roues » ou « vortex » représentent des cônes d'énergie qui reçoivent, transforment et distribuent l'énergie subtile (ou forces vitales) appelée aussi Prâna en Inde, Ki au Japon ou Qi (chi) en Chine.

Ces courants de force-énergie animent l'être humain tant au niveau de la conscience et du psychisme, que celui de la santé du corps ; car tout est lié.

Chaque chakra joue un rôle fondamental sur l'ensemble de notre système nerveux et de notre physiologie mais également sur notre comportement et notre management.

Les Chakras agissent aussi sur notre système hormonal.

Connaître et comprendre ces données permet d'améliorer ses performances générales et son entendement de toutes situations.

TYPOLOGIE DES CHAKRAS

Le corps humain comprend Sept Chakras principaux, représentés par la pyramide des niveaux d'évolution de la page 41, dont voici les fonctions essentielles

Figure 7 : Rapport entre chakras et évolution des niveaux de conscience

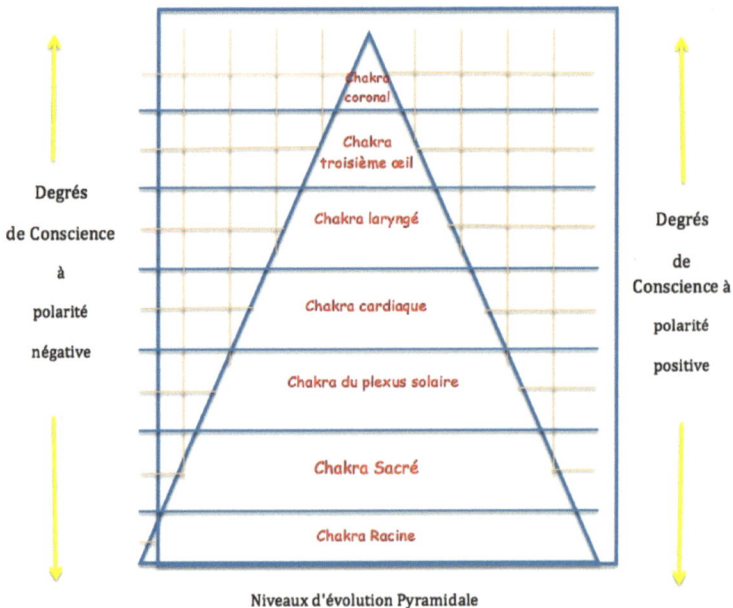

Degrés de Conscience à polarité négative

Chakra coronal
Chakra troisième œil
Chakra laryngé
Chakra cardiaque
Chakra du plexus solaire
Chakra Sacré
Chakra Racine

Degrés de Conscience à polarité positive

Niveaux d'évolution Pyramidale

Initiation aux 7 principaux Chakras :

1er chakra

Muladhara ou **chakra racine**, situé au niveau du périnée et du coccyx, est en rapport avec l'élément Terre, la matière.

Il est en rapport avec les pieds, les jambes, les organes génitaux, la force vitale du corps.

De lui, dépendent notre instinct de survie et notre capacité à avoir les pieds sur terre, à assumer harmonieusement notre quotidien matériel notamment au niveau de l'argent.

Il est stimulé par la **couleur rouge**.

Les salariés appartenant à ce premier stade d'évolution peuvent apparaître rustres dans leurs comportements et frustes dans leur langage.

Historiquement, on peut penser aux lignées caractérisant les premiers hominidés.

2ème chakra

Swadhistana ou **chakra sacré**, situé entre l'ombilic et le pubis, est en rapport avec l'élément eau, l'orange.

Il gère la sexualité et plus particulièrement nos hormones sexuelles.

Il est en rapport avec la féminité, l'intuition, le rapport à la mère.

Il est le siège de notre identité profonde.

Il est stimulé par la **couleur orange**.On l'apparente aussi au Chakra de la Rate.

Les salariés ancrés dans ce stade de développement aiment festoyer à tout va et plaisanter sans discernement.

Quant au regard qu'il porte sur l'autre sexe, il peut sembler impudent pour nombre de vertueux n'entrant pas dans leur cadre de référence.

3ème chakra

Manipura ou **chakra solaire**, situé au niveau du plexus solaire, est en rapport avec l'élément feu, les organes digestifs.

Il gère nos émotions, notre confiance en soi, notre capacité à prendre notre place et à rayonner tel un soleil.

En excès, ce type d'homme développe un égo et un pouvoir arbitraire et excessif sur l'autre.

Il gère le masculin et le rapport au père.

Il est stimulé par la **couleur jaune**.

Le personnel appartenant à ce milieu représente l'homme occidental moyen d'aujourd'hui.

On le retrouve dans la masse que représente le « collectif ».

4ème chakra

Anahata ou **chakra du cœur** situé au centre de la poitrine est en rapport avec l'élément air.

Il régit le cœur, la circulation, les poumons, les membres supérieurs.

Il gère l'amour.

C'est là qu'iront se nicher nos peines de cœur si nos émotions ne sont pas bien digérées.

Pour celui qui peut se libérer de son plan émotionnel et vibrer pleinement dans cette dimension, c'est alors le siège d'un amour inconditionnel qui nous fait aimer la vie, les autres et l'univers.

Il est stimulé par la **couleur verte**. Il s'intègre déjà dans le sous-stade du troisième degré dernier de « l'individualité ».

5ème chakra

Vishuddha ou **chakra laryngé**, situé au niveau de la gorge, est le chakra de la communication.

Il est en rapport avec la thyroïde, la gorge, le nez, les oreilles, la bouche et le cou.

Il favorise l'expression par la parole, la relation avec l'extérieur, la créativité par le son, l'imagination.

Il est également en rapport avec l'audition et nous met à l'écoute de notre guide intérieur, si on y croit.

Il permet aussi de capter les informations des plans subtils et de les retransmettre.

Il est stimulé par la couleur **bleu clair**.Visualiser cette couleur renforce son action.

Les salariés parvenus à ce plan sont des stratèges perspicaces et visionnaires.

Ils ne courent pas les rues, mais nombre de dignitaires et de cadres sup appartiennent à cette population, indépendamment de leurs parcours estudiantins.

En fait, leurs diplômes ne corroborent pas leur efficience reconnue.

6ème chakra

Ajna ou le **chakra frontal** situé entre les sourcils.
C'est le fameux troisième œil de la connaissance.
Il est en rapport avec les yeux, le système nerveux.

Il est le siège de la conscience et de l'intuition divine.

Il nous met en connexion avec la forme non manifestée de la création, avec l'essence pure que nous allons capter intuitivement pour sa concrétiser dans la matière.

Il apporte la sagesse qui permet la commande de nos idées et actions sur la base d'une connexion au cosmos (le grand ordinateur central).

Intuition, esprit clair et actions justes sont le fruit du bon fonctionnement de ce chakra.

Il est stimulé par la couleur bleue indigo.

Les hommes de ce groupe appartiennent au stade trois de l'évolution de la conscience.

Ils sont au service des grandes entreprises et des nations.

On les retrouve dans des postes discrets de conseillers qui n'imposent pas leur point de vue.

7ème chakra
Sahasrara ou le **chakra coronal** situé sur le sommet de la tête (tonsure des moines, auréole des saints).

Il est le siège de l'accomplissement de l'homme.

Cette connaissance que nous recevons va plus loin qu'avec le chakra précédent car nous ne faisons plus qu'un avec l'origine de toutes choses dont nous faisons partie.

Cette ouverture du chakra coronal amène petit à petit cette connexion et cette identification à l'Essence Universelle, chassant la peur et apportant la plénitude jusqu'à la réalisation et l'illumination.

Il est stimulé par la couleur violette, le et l'or.

Ces hommes sont loin de toutes organisations gouvernementales, laïques ou religieuses.

APPROFONDISSEMENT DES CONCEPTS D'EXPÉRIENCE ET DE SERVICE ?

Comme nous l'avons dit précédemment, le but de l'homme est de faire l'expérience de la vie, grâce aux actions qu'il entreprend : quand on ne passe pas à l'action, il n'en résulte aucune expérience.

De même, le service, par l'expérience qu'il apporte, nous permet de devenir davantage responsable et conscient de nos actes.

Voilà pourquoi, les questions, pour savoir comment faire ou mieux faire, s'estompent avec l'apport de l'expérience.

C'est par ce vécu que les métamorphoses de l'individu peuvent avoir lieu et pas autrement.

Pourquoi ? Parce que dès qu'un individu effectue des actions, ou divers travaux, il a beaucoup plus de chance d'obtenir « l'initiation » et la révélation que celui qui reste à essayer de comprendre l'univers et à étudier l'univers.

Cependant, il ne faut pas exclure que comprendre et étudier sont aussi des clés primordiales pour obtenir des initiations.

Mais s'il n'y a pas d'expérience ni de vécu, l'initiation comme la maturité ne peuvent pas avoir lieu.

Il y a donc trois mots qui, successivement, sont complémentaires et nécessaires :

LE SERVICE – L'EXPÉRIENCE – LA MATURITÉ

Pour être un réel homme « universel », il faut avoir l'âme et le cœur de passer au service.

Pour cela, il ne doit pas avoir peur de rentrer dans l'action et de passer à l'expérience.

Tout cela débouche sur une maturité.

Il n'y a qu'avec la maturité acquise que l'homme va développer ses qualités intérieures, donc supérieures.

Qualités qui n'étaient pas du tout réveillées le jour où il a pris la décision de servir, mais qui se sont ouvertes au fur et à mesure de l'action.

En effet, l'énergie était là et elle a ouvert successivement ses chakras au fur et à mesure des expériences vécues comme positives ou négatives selon son destin (son karma).

Donc, quoique fasse l'homme, il doit avoir à l'esprit que :

1/ le but de la vie est, avant toute chose, de servir ses semblables, son entreprise, sa nation, ses amis, sa famille...

2/ le service représente la vie en mouvement et permet d'en faire complètement l'expérience

3/ le service n'est pas un acte de charité, qui va de notre cœur à la vie d'un autre.

Quand on rend service à quelqu'un, l'autre ne nous doit rien et on ne doit pas attendre quelque chose en retour.

En synthèse, **le service nous permet de faire partie du mouvement de la vie,** de manière consciente, lucide et mûre afin de participer à l'évolution du mouvement de cette vie.

Par conséquent, notre récompense sera avant tout d'ordre vibratoire.

Ainsi, pour avoir servi untel qui ne nous remercie pas, nous gagnons à notre actif et dans un de nos chakras, une énergie ou un degré d'énergie en plus.

Cela enrichit notre expérience et notre maturité ; sachant que chaque nouvelle expérience en plus nous consacre un degré vibratoire en plus.

Cela compte autant que les méditations ou les ascèses, surtout dans notre monde occidental où la vie avec l'autre est primordiale et majeure.

Pour les occidentaux, la vie collective est une note majeure à son évolution.

L'individu doit donc apprendre à développer cette vie collective et à se responsabiliser dans celle-ci.

De là, il développera la maturité nécessaire à son évolution vers un stade de croissance supérieure.

POURQUOI FAUT-IL DÉVELOPPER SA MATURITÉ ?

Comme évoqué précédemment, l'âge ne donne pas nécessairement la maturité, mais l'homme doit devenir spirituellement mûr.

C'est-à-dire que son discernement doit être perpétuellement aiguisé.

Sitôt que l'on a acquis ce discernement sur un certain point, nous sommes à même de rayonner de ce point-là à un autre champ d'initiation qui se dévoile alors devant nous.

Le travail de l'homme dans ce nouveau contexte est d'apprendre à acquérir le nouveau champ de discernement qui lui correspond.

Voilà pourquoi le discernement n'est jamais quelque chose d'acquis, mais quelque chose qui se prolonge et qui s'ouvre toujours de plus en plus au gré des expériences.

Cependant, un certain seuil de discernement est réclamé lorsque l'on veut véritablement arriver à vivre intelligemment.

Regardons ce qui se passe dans la vie profane pour ne pas dire ordinaire.

La plupart des gens manquent terriblement de discernement et c'est ce qui fait que beaucoup de catastrophes ont lieux : accidents de la route ; accidents aériens ; accidents de toutes sortes ; disputes à l'intérieur d'une cellule familiale ; disputes entre clans politiques ; disputes à propos des richesses ou des forces de la planète.

De là, à soupçonner que le manque d'intelligence ou de bon sens est à l'origine de tout ce tohu-bohu, le pas est vite franchi...

Lorsque l'on connaît la nature humaine, intelligence et bon sens vont de paire avec évolution.

On ne peut donc pas demander une extrême « intelligence » et d'entendement à quelqu'un qui n'a pas suffisamment d'évolution, c'est-à-dire d'ouverture d'esprit.

Un tel individu stagne d'ailleurs au niveau des deux premiers chakras de sa pyramide d'évolution.

COMMENT LE NIVEAU DE CONSCIENCE DIRIGE T-IL ENTENDEMENT, INTELLIGENCE ET DISCERNEMENT ?

L'entendement, c'est l'aptitude à comprendre par la voie du cœur et de l'intuition, c'est aussi un des aspects du bon sens, du raisonnement logique et instinctif pour émettre un jugement pondéré pour ne pas dire circonspect ou modéré.

L'intelligence serait l'entendement mais aussi la capacité de discerner le bien du mal, le faux du vrai et tous les opposées complémentaires comme ils sont définies par le yin et le yang de la tradition chinoise.

Voilà ce qui peut se dire en raccourci.

L'intelligence ne se résume pas à des personnes dotées d'un super cerveau extrêmement connaissant et pouvant jongler avec les différentes matières de la science orthodoxe, mais elle se caractérise simplement par cette faculté à reconnaître le pur et le vrai, à faire toujours la séparation entre le vrai et le faux afin d'agir juste.

Or il semble, que plus que toutes les sciences du monde, cette science de l'entendement est primordiale car, tant que l'homme ne détient pas cette nouvelle science de l'intelligence, il ne peut rien faire de constructif avec les autres.

MAIS QUE SE PASSE-T-IL QUAND ON DÉCOUVRE CERTAINES FORCES SANS DISCERNEMENT ?

Si les hommes n'ont pas ce discernement que donne seulement l'évolution, ils font n'importe quoi avec ce qu'ils viennent de découvrir.

Tel ce savant du Pakistan qui a donné la formule de la bombe nucléaire à certains pays du Moyen Orient au niveau de conscience faible.

C'est ainsi que l'homme, n'utilisant que son intelligence primaire, développe des armes qui, faute de ne pas disposer de l'intelligence secondaire, celle du cœur, qui est la plus importante, il utilise ces armes pour le mal, pour tuer ou pour soumettre un pays pour ne pas dire différents peuples.

La véritable intelligence est donc celle de l'homme en évolution qui, même s'il est ignorant en toutes les matières que donne la science officielle, cet homme saura faire la différence entre le bien et le mal, le vrai et le faux par un entendement naturel.

Ce discernement-là est capital à acquérir.

Or, c'est par l'expérience que l'on peut l'acquérir, notamment en passant à l'action.

L'entreprise, offre toutes les chances de rencontrer des circonstances qui vont nous obliger à faire des choix.

Si nous faisons mal ces choix, nous nous retrouvons devant une porte fermée, une voie sans issue ou devant de gros problèmes.

C'est en supportant ces problèmes ou en supportant cette voie sans issue que nous acquérons la connaissance de ce que nous n'avons pas su reconnaître comme étant la vérité.

Ainsi, au prochain événement fâcheux ou non, nous aurons plus de discernement pour faire le bon choix.

L'expérience est donc quelque chose de capital.

Il n'y a rien de plus triste que de voir quelqu'un paralysé dans son foyer ou au coin du feu ou au coin de son radiateur, l'oreille accrochée à la radio ou à la télévision et qui ne fait rien de sa vie.

Qui vivote, qui hiberne même s'il sort de sa maison.

Même s'il va voir des amis, il ne se passe rien parce qu'il hiberne tel un ours dans sa caverne.

Il reste dans ce milieu sans force et sans déploiement.

Un homme qui veut vraiment utiliser sa vie au maximum doit se forcer à se déraciner.

Aujourd'hui, nous nous inquiétons de l'accueil réservé aux migrants que l'on bafoue et déshonore, quand on se penche sur l'aspect plus ou moins humaniste qu'on leur réserve.

Mais, dans l'esprit que nous développons, ce déracinement obligé semble être leur plus grande chance d'évoluer, envers et contre tout, vers d'autres traditions et d'autres expériences de vie.

Pourquoi ce propos apparemment révoltant ?

Parce que plus l'homme saura se déraciner, plus il pourra se renouveler, donc évoluer s'il décide de s'intégrer pleinement à son nouvel environnement en s'adaptant à sa langue, à sa culture, à ses valeurs et bien d'autres aspects.

Comme nous l'avons déjà évoqué, quelqu'un qui reste dans son logis sans jamais aller à la rencontre de qui que ce soit, ou d'aucune autres philosophie que la sienne voire d'aucun autre groupe que le sien, hé bien cet individu nous amène à considérer qu'il aura vécu pour rien, exactement à l'instar de l'insecte qui est là simplement pour accomplir l'acte de la nature en étant simplement conditionné par le collectif auquel il appartient.

En fait, l'homme s'est incarné pour faire plus que l'acte de la nature.

L'homme a été fait pour pouvoir prendre position dans l'univers.

Voilà pourquoi certaines traditions nous enseignent que l'homme doit d'être Roi comme nous y invitent certains textes sacrés.

QUELLES SONT LES QUATRE FACULTÉS MAJEURES DÉVELOPPÉES PAR L'ÉVOLUTION DE LA CONSCIENCE ?

Nous vous proposons ami lecteur, une autre représentation de l'échelle de la conscience avec, en finalité, les qualités intrinsèques qu'elle développe.

Ces qualités n'ont rien de religieuses, même si certains concepts s'y apparentent.

Figure 8 : Autre représentation de l'échelle de la conscience

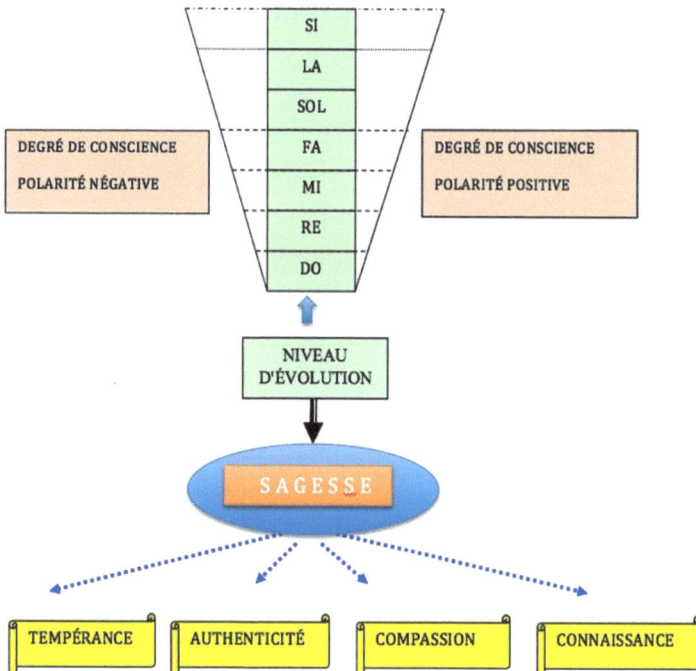

En fait, ces différents facteurs, et il en existe bien d'autres, sont l'expression aboutie du Soi Supérieur qui ne demande qu'à progresser.

Ne pas les considérer comme des axes d'évolution, c'est prendre le risque de stagner dans l'ignorance et la bêtise voire de s'attirer une multitude d'épreuves de tous ordres.

Comme on peut le constater, il n'y a pas de « polarité » c'est-à-dire d'orientation désobligeante.

Chacune a sa raison d'être pour le destin de l'homme.

Voilà pourquoi son aboutissement tend naturellement vers la sagesse.

Dans ce schéma, on remarque que le degré de conscience s'agrandit proportionnellement avec la montée du niveau d'évolution.

Ainsi, l'homme installé au premier étage d'un immeuble, dispose d'une vision très détaillée des constituants de son environnement.

Or, il n'en n'est plus de même lorsque l'on se retrouve en haut de l'échelle.

Les détails nous échappent entièrement au profit d'une vue d'ensemble et lointaine pour ne pas dire d'une immensité, qui lui permet de prendre les dispositions ad hoc pour assurer la pérennité de son entreprise et de ses affaires.

Par ailleurs, à chaque degré de conscience s'ajoutent de nouvelles facultés jusque-là ignorées.

Analyse, abstraction, aptitudes, attitudes et autres qualités susceptibles d'élaguer ou de solutionner les problèmes.

Quant aux quatre piliers déterminés par la sagesse (tempérance, authenticité, compassion, connaissance), nous laissons aux lecteurs curieux, le soin d'approfondir ces concepts selon leurs propres besoins.

144

PARTIE 6 : PERSPECTIVE POUR LE DIRIGEANT DE DEMAIN

QUEL EST LE RÔLE DU CHEF ?

Voici dit succinctement et de manière générale, quatre critères fondamentaux caractérisant les rôles du chef.

1. ANIMER UNE ÉQUIPE

Créer une ambiance pour *améliorer les conditions de travail ;* mettre à l'aise les membres de l'équipe en s'intéressant à chacun d'eux sur différents plans.

2. DIRIGER DES HOMMES

Leur donner des consignes claires et réalistes ; leur donner leur fiche de poste qui spécifiera les missions et attitudes à mettre en œuvre.

3. MOTIVER LES GARS A LEUR TRAVAIL

Savoir les encourager ; savoir mener les ouvriers avec un bon relationnel ; savoir les écouter; savoir leur parler ; savoir leur apprendre à comprendre le sens de leur tâche et le sens du travail;

4. FAIRE ÉVOLUER LES HOMMES

Donner à chacun la possibilité de progresser : leur donner les moyens techniques et psychologiques les rendant autonomes et responsables de leurs actes.

Figure 9 : Facteurs influençant les rôles du chef.

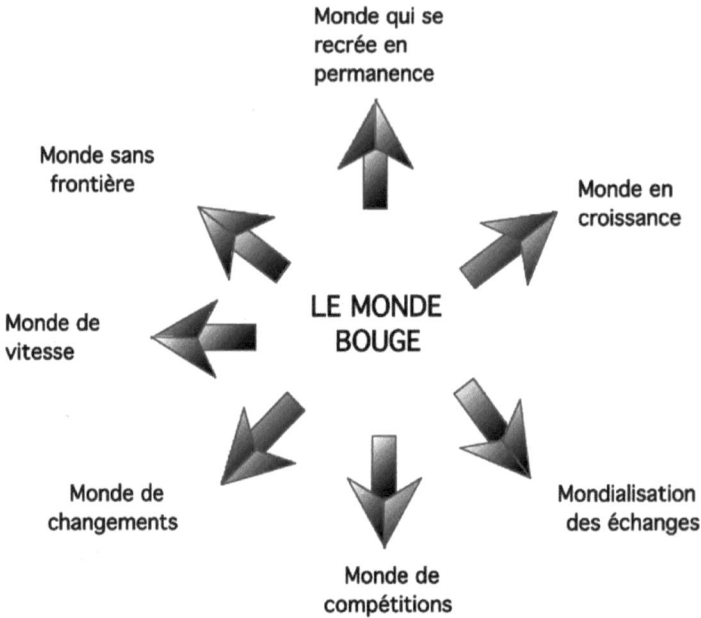

Ce schéma souligne les différents facteurs qui influencent ou interviennent sur les processus de décisions.

Il semble difficile de s'en soustraire pour agir en toute liberté.

Cependant, la pratique de la visualisation créatrice tend à confirmer que nos croyances alliées à la force de leur intensité construisent notre réalité.

Ce schéma élaboré par de jeunes étudiants, met en exergue le mouvement de la vie.

Or, plus rien n'est figé de nos jours.

Aussi, vouloir préserver ses acquis professionnels, son mode de gouvernance de sa vie l'expose à de désagréables surprises.

COMMENT RÉUSSIR SON MÉTIER DE CHEF SUR UN PLAN RATIONNEL ?

• Primo : Connaissez votre entreprise ou vos produits à fond.

• Secundo : Gardez un œil attentif sur vos objectifs.

• Tertio : Considérez que les résultats sont le fruit de toutes les ressources humaines et matérielles qui vous sont confiées.

QUE PENSER DE LA MALTRAITANCE DU CHEF ?

De plus en plus, dans les entreprises, on remarque que les salariés expriment des critiques ouvertes envers leur hiérarchie pour ne pas dire des actes de violence.

Si on s'en réfère à la loi d'interaction (« *la pensée crée la réalité* »), nous conviendrons que ces pensées négatives auront un impact désastreux sur la hiérarchie.

La maltraitance du chef commence dès lors que des critiques sont exprimées de façon insistante ou qu'elles sont fortement ressenties à l'égard du chef ou à son groupe de responsables voire de ses actions.

Dans cette perspective, il faut considérer que la critique peut être un poison virulent.

Pourquoi ? Parce que chaque membre de n'importe quel groupe, et plus particulièrement ceux se trouvant dans l'entourage immédiat du ou des chefs, est enclin à s'ériger en juge.

Pourquoi maltraite-t-on son chef ?

Ces critiques peuvent être basées sur bien des choses, mais elles sont généralement motivées par la jalousie, par l'ambition contrariée ou par la vanité de l'individu.

En fait, et de tous côtés et dans chaque groupe organisationnel se déversent sur le chef de groupe, les critiques qu'on lui destine : des pensées empoisonnées, des idées fausses que l'on formule, des bavardages oiseux d'une nature destructive, l'imputation de certains motifs, des haines et des jalousies non exprimées, les ambitions frustrées de certains collaborateurs, leurs ressentiments et leurs désirs insatisfaits de prédominance ou de reconnaissance de la part du chef, leurs désirs de voir le chef remplacé par eux-mêmes ou par quelqu'un d'autre, et bien d'autres formes d'égoïsme et d'orgueil mental.

De fait, la responsabilité ne leur appartenant pas, ces membres subversifs ne connaissent pas les problèmes tels qu'ils existent réellement.

Voilà pourquoi leur critique est des plus faciles.

Cependant, là où existe une pureté d'intention, un désir sincère de se détacher, « l'aura », c'est-à-dire l'image de celui qui est attaqué peut demeurer indemne, même si des effets physiques peuvent s'installer en lui comme un fort stress, des angoisses du mal au ventre, une certaine faiblesse physique ou d'autres limitation incongrue

Pour autant, les critiques non exprimées peuvent êtres très dangereuses en soi, notamment si elles sont puissamment centrées et fortement dirigées par l'intention de nuire de la part de leurs auteurs.

Pourquoi ? Parce qu'elles sont émises continuellement du fait de jalousie, d'ambition, ou de vanité basée sur l'interprétation d'une situation supposée.

A cela s'ajoute la conviction pour celui qui critique, qu'il se trouve en position de mieux comprendre correctement la situation avec la certitude, qu'il serait à même de prendre les meilleures mesures qui conviennent, si on lui en donnait l'occasion.

Cependant, quand les critiques sont exprimées verbalement, elles renforcent l'écoute de ceux qu'elles harcellent.

Là aussi, les conséquences peuvent nuire à la bonne santé physique et psychologique du chef.

Pourquoi maltraiter son chef peut être néfaste pour l'entreprise et ses collaborateurs ?

Ces risques, lorsque les salariés pourront les entendre, peuvent constituer une prise de conscience chez les collaborateurs qui devrait les amener à arrêter leurs pensées négatives et ainsi à soulager leurs chefs de l'impact désastreux de leurs critiques.

Il ne s'agit pas ici d'évoquer la haine, bien qu'elle soit souvent présente, consciemment ou non, mais simplement de « s'ériger en juge » et aux bavardages et critiques futiles qui paraissent être nécessaires à certains des membres des groupes.

Ces critiques peuvent non seulement tuer l'institution ou le chef au moyen du poison qu'ils accumulent et de la détresse qu'elles causent, mais elles peuvent aussi tuer la vie du groupe et faire avorter les efforts mis en œuvre pour atteindre les objectifs assignés.

Or, l'expérience démontre que si la coopération et le temps de se développer étaient donnés à tout un chacun, l'entreprise et ses hommes s'en porteraient mieux.

Tout cela produit des résultats dans le corps physique des chefs et souvent dans leur corps émotionnel.

La responsabilité des membres d'un groupe est donc considérable, mais ils la reconnaissent ou l'endossent rarement.

Il leur est pénible d'évaluer les effets désastreux d'une personne dont la seule volonté est de critiquer le groupe.

Les effets négatifs sont les mêmes lorsque la pensée dirigée d'un certain nombre de personnes est centrée sur un ou deux individus.

Comment éviter les impacts négatifs ?

Plus le chef de groupe est évolué et plus grandes sont la peine et la souffrance qu'il reçoit lorsqu'il n'a pas acquis le détachement émotionnel nécessaire à son bien être.

Ainsi, les personnes du premier Rayon d'énergie qualifié de force et volonté ont, par nature, une « technique d'isolement » émotionnelle spontanément inclues dans leur nature on constate que celles-ci souffrent moins que beaucoup d'autres.

Elles savent en effet comment se couper de ces jets de force dirigés et comment les faire dévier.

Ils peuvent parfois les renvoyer à ceux qui les ont émis et ainsi faire des ravages dans leurs vies.

On peut se demander: que peut faire un chef ou un groupe de chefs dans ces circonstances malheureusement normales et habituelles ? Rien ! Si ce n'est de continuer à travailler ; de se replier sur soi-même grâce à relaxation ou la méditation, et de refuser de devenir amer en attendant patiemment que les membres hostiles apprennent les leçons de la coopération, les vertus du silence voire une compréhension sage des problèmes que vit leur(s) dirigeant(s).

Exemples d'attitudes paradoxales

Il y a aussi le revers de ce problème, auquel de nombreux dirigeants, chefs ou responsables de groupe doivent faire face.

Dans cette situation inverse, le chef est submergé et « étouffé » par la vénération et le dévouement démesuré de certains de ses collaborateurs.

Ces dirigeants peuvent être presque détruits par l'amour ou l'excès de respect que lui attribuent leurs collaborateurs.

Or, bien que cela constitue un handicap et cause nombre de difficultés, d'incompréhensions et de réactions excessives des membres du groupe, il n'en reste pas moins que ces dévotions sont basées sur l'amour et non sur la séparation ou la haine.

Cette situation peut produire ce que certains appellent « *la paralysie de celui qui s'efforce de bien faire et la ligature de ses mains et de ses pieds* ».

Je traiterai d'une autre difficulté, car elle est importante dans la mesure où elle représente une activité de groupe, poursuivie comme un tout, et n'est pas l'acte d'un individu ou d'une petite poignée d'individus au sein du groupe.

Pour cela, on peut se référer à la façon dont un groupe draine la vie de son chef ou de ses chefs.

Lorsque le cordon ombilical, rarement coupé symboliquement, entre un chef et le groupe, ceux-ci restaient toujours très attachés au chef.

Parfois, lorsqu'excités par la haine ou l'aversion, ils brisaient violemment les liens et rompaient les rapports, causant de profondes détresses et des souffrances inutiles au groupe comme au chef.

PARTIE 7 : NOUVEAU REGARD SUR LE DIRIGEANT DE DEMAIN !

Dans l'avenir, le cordon ombilical chef/salariés sera coupé tôt dans la vie du groupe. Cependant, les chefs resteront longtemps (comme le fait la mère d'un enfant) les inspirateurs et les guides, la force aimante et protectrice, la source d'instruction et d'enseignement de leurs collaborateurs.

A ce moment là, le groupe pourra poursuivre son chemin et vivre sa vie selon sa propre direction, même lorsqu'un changement se produit dans la direction du groupe.

Dans ce nouveau millénaire, les groupes seront unis par un lien subjectif et non par la réaction émotionnelle produite par le contact extérieur.

C'est de la vie de groupe et de l'atmosphère de groupe que bien des infections proviennent, conduisant à des maladies de nature physique.

Les troubles et les maladies physiques ne sont pas d'une nature aussi sérieuse que ceux qui sont psychologiques.

Le dirigeant de demain saura laisser à chacun sa place, contrairement au grand tyran ou fanatique qui, du haut de son « grand savoir », dirige tout, contrôle tout, veut tout comme ceci, veut tout comme cela car la nécessité l'exige, prétend-il !

Or, trop souvent, l'homme de la rue a suivi des fanatiques, parce que les fanatiques ça rassure : ils semblent savoir où ils vont, eux.

Ces fanatiques leur disent : la solution, c'est tout droit, allons-y ensemble ! Et ainsi, tous ceux qui ont peur de la vie ou des énigmes se disent alors : celui-là semble savoir si fort et si puissamment car il a dit « *c'est tout droit, que je vais avec lui* ».

Hélas pour beaucoup, tout droit c'est nulle part.

Or, l'être humain, le collaborateur détient un potentiel spécifique d'actions à accomplir...

Le dirigeant de notre futur proche sera donc ce patron qui sait amener chaque homme à son propre développement tout en lui laissant la liberté de ses actions, de ses pensées et même de ses erreurs, quand c'est possible et sans risque pour l'entreprise.

Pourquoi ? Parce que dans ses erreurs, le collaborateur découvre une vérité, une loi de fonctionnement.

Mais surtout, il expérimente la vie comme nous l'avons déjà écrit et, par là même, il augmente son capital d'informations et de connaissances.

Un tel patron est un exemple et une référence pour ses salariés, tandis que les dirigeants « lambda » n'en sont pas.

Mais si vivre en société peut représenter un flot d'épreuves, de tourments mais aussi de satisfaction, force est de constater que c'est là qu'on reconnaît les hommes sages, les dirigeants ou les responsables engagés dans l'évolution des consciences de ses collaborateurs.

Un instructeur, un patron se doit d'être rigoureusement sévère.

Il est l'autorité incarnée, même si en même temps il vous porte la plus grande affection et capable du plus grand sacrifice pour vous aider à grandir.

Seulement lorsqu'il va vous parler, il sera d'une exigence absolue, car il ne s'agira pas de simplement discourir, mais de vous instruire, de vous modifier et de contribuer à vous faire avancer dans la voie de l'autonomie et de votre prise en charge.

Donc, allez avant tout vers ceux qui ont besoin de votre attachement.

Et dans ce canal, oui, communiez avec vos sentiments respectueux afin de répondre aux besoins de reconnaissance de ceux qui en ont besoin.

Ces conseils ne sont pas l'œuvre de ceux qui savent tout.

Mais de ceux qui, au départ de leur vie, n'avaient rien compris au rôle de l'homme ; avant de commencer enfin à comprendre qui il est, pour finalement apprendre à être la plénitude.

Citation de Gandhi : « *Lorsque nous critiquons, il faut le faire avec une humilité et une courtoisie qui ne laisse subsister aucune amertume.* »